Musiken i Guds församling

Kenneth Palmquist

ISBN: 978-91-983202-2-0

Tack

Jag vill särskilt tacka Fabian Ståhle för att han har uppmuntrat mig.
Han har också gett värdefulla kommentarer.
Jag vill också tacka min älskade Gerd som hela tiden har stöttat mig.

Innehåll

Musiken i Guds församling

- Mönsterbilden – bilden av den himmelska verkligheten.
- Musikteori.
- Skönhet och ordning i musiken.
- Övertonserien.
- Mönsterbildens fortsättning bland de första kristna.
- Hur bör kristna förhålla sig till de första kristnas musiktradition?
- Ordlös musik och jubilationer.
- Hymner (Sångerna om och till Jesus – s.k. Kristushymner).
- Sången med/i anden.
- Några stilarter i den flerstämmiga västerländska musiken.
- Förutsättningar för att Guds härlighet ska vila över enskilda och församling
  i deras musicerande.

Praktiska övningar i församlingen

- Övning 1 Att upptäcka röstens möjligheter.
- Övning 2 Att upptäcka musikinstrument och hur de fungerar.
- Övning 3 Att arbeta med melodier.
- Övning 4 Att arbeta med notskrift.
- Övning 5 Att arbeta med pulser och rytmer.
- Övning 6 Att arbeta med klanger.
- Övning 7 Att arbeta med utförandepraxis.
- Övning 8 Att arbeta med instrumentation.
- Övning 9 Att arbeta med former och strukturer.
- Övning 10 Att arbeta med kroppsliga uttryck.
- Övning 11 Att arbeta med lyssnarkulturen i församlingen.

Arbetshäfte för tonsättare och musiker

- Några grundläggande reflektioner utifrån ordningen i övertonserien.
- Arbetsövningar.
- Davids mönsterbild – en sammanfattning i punkter med bibelställen.
- Litteratur för studier.

Musiken i Guds församling

Förord

När Israels folk gjorde ett tält (tabernakel) för gudstjänst i öknen så var det förebildande originalet en himmelsk verklighet. Då Gud bygger sin församling gör han det utifrån en himmelsk förebild. Han presenterade i GT olika fysiska förebilder som sedan fick sin uttydning i NT. Två av dessa förebilder var tabernaklet i öknen och templet i Jerusalem. Då det gällde musiken vid dessa samlingsställen för Israels folk så visade Gud sin himmelska förebild vid tabernaklet i öknen under Moses ledning. Under Davids regeringstid på 1000-talet f. Kr. bildades en musikkultur kring ett nytt tabernakel. (I GT används flera benämningar t.ex. Davids hydda och Uppenbarelsetältet.) Musiken vid Davids tabernakel följde en förebild som David hade fått från Herrens hand. Denna förebild bildade sedan tradition i Israel ända fram till då templet förstördes år 70 e. Kr. Vart tog traditionen vägen sedan? Hur förhöll sig de första kristna till denna förebildande musik?
Det är bl.a. detta denna bok tar upp.

Ljungskile april 2016

Kenneth Palmquist

Inledning

Jag har tidigare skrivit en bok om **Musiken i Guds rike.**
(Se också hemsida: http://kennethpalmquist.hemsida24.se/)

Detta är en fortsättning, som handlar om hur den lokala församlingen kan samarbeta med Gud i upprättelsen av levittjänsten. Den tjänsten hade de levitiska prästerna vid Moses och Davids tabernakel. Det var den viktigaste platsen för gudstjänster innan det första templet i Jerusalem byggdes. (Salomos tempel) I Psalm 81:1-6 får vi reda på att lovprisning var en befallning från Herren redan när Israels folk drog ut ur Egypten.

1. Mönsterbilden - bilden av den himmelska verkligheten

Leviterna på kung Davids tid följde en himmelsk prototyp, en **mönsterbild** som David och profeterna hade fått från Herren. Den bildade grunden för gudstjänsten i Israel på 1000 -talet f. Kr. Denna mönsterbild var en av förebilderna i GT som fick sin fullbordan i Jesus Kristus. Originalet är Guds och sammanfattades i Kristus. I Efesierbrevet skrev Paulus om en *plan* som skulle genomföras i Kristus (Ef.1:10). I grekiskan används ordet *oikonomia* som betyder förvaltning, administration, ledningscentral, ordning. I Jer. 31:36 står det om ordningen i universum. (Jmf. Jer. 33:25). Det var och är en ordning, ett förbund med dag och natt.

Detta förbund bär upp hela universum. Det handlar bl.a. om hur grundlagar skapades och hålls samman i universum. Ljuden i skapelsen fungerar utifrån universums grundlagar. Ljuden i skapelsen är skapade och hålls samman genom Guds *oikonomia*, genom Guds ledningscentral. Det är Gud genom Jesus Kristus som håller samman skapelsen. Detta handlar om samordningen i Guds rike, där mönsterbilden från David var en av förebilderna. I mönsterbilden fanns också Guds ordningar för musiken i Israel.

Denna ordning i universum - sammanfattad i Kristus - låg till grund för de teoretiska lagar och regler som den hörbara musiken i Israel var ett utflöde av. I den kristna församlingen var musiken underordnad den ordning, den plan, som sammanfattades i Jesus Kristus. Universum är inte kaos utan en mycket vacker ordning som vittnar om den gudomliga skönheten, Guds eget väsen. Skapelsen – hela universum – kan beskrivas som Guds underbart vackra symfoni.

Vad denna skapelsens symfoni och den musik som uttrycktes efter mönsterbilden i Israel innebar och innebär har jag visat i boken Musiken i Guds rike. (Se också en sammanfattning i punkter på sista sidan.) Jag tänker nu lite grundligare skriva om hur denna mönsterbild - denna ordning för musiken - utkristalliserade sig under den första kristna tiden och hur den kan uppfattas och leva vidare i församlingen idag.

2. Musikteori

David fick – vad jag vet – inte några teoretiska lagar från Herren för hur musiken skulle fungera, men han fick instruktioner - *en skrift av Herrens hand* som också omfattade *alla sysslor som skulle förekomma vi tjänstgöringen i Herrens hus* - och han var inspirerad av den helige Ande. (1 Krön. 28:11-19)
Denna mönsterbild hade en yttre form:

1. Leviterna hade en bestämd ordning varje dag för musiken. På morgonen och kvällen skulle leviterna tacka, lova och tillbe i samband med offren.
2. Ibland sjöng de växelsång
3. En ledare tog upp sången – ofta med hjälp av ett instrument.
4. De hade ett lärlingssystem för att lära upp nya leviter. Det var en utbildning för att göra dem villiga, ansvarstagande och skickliga.

Orden i de sånger av David som finns i Psaltaren kan vi läsa på olika språk och dialekter, men det fanns inte några nedskrivna noter i den hebreiska texten förrän masoreterna skrev sina "nottecken". Det finns överhuvudtaget inga musikteoretiska lagar eller regler i hela bibeln. Det verkar som om Gud såg på de olika språkens ljud och språkmelodier som något som inte behövde skrivas ner i exakta rytmer och melodilinjer. Därför ville han inte begränsa mönsterbilden till en språklig eller tonspråklig förebild. I så fall hade säkert Gud också gett mönsterbilden ett exakt musikaliskt innehåll som hade tecknats ner. Det finns en muntlig tradition, men denna israeliska tradition var inte tillräcklig för att ge uttryck för hela mönsterbilden. Det räckte inte för Gud med vacker Israelisk tradition. Uppenbarelsen av Messias skulle visa sig vara själva navet i den mönsterbild som Gud presenterade för David. Mönsterbilden var större än en nations yttre traditioner.

Den kristna församlingen är hänvisad till den *ordning* som Gud har skapat och som har sammanfattats i Kristus. Församlingen är hänvisad till denna Guds ordning i Kristus, bibelns vittnesbörd, Andens guidning, Israels muntliga traditioner och forskningen.

Jag har i boken Musiken i Guds rike beskrivit Israels musiktraditioner vid deras samlingsplatser. Församlingen behöver förstå att den vandrat långt ifrån sitt ursprung och näst intill skurit av sina judiska rötter. För att i någon mån förstå detta behöver vi se hur Jesus och de första apostlarna förhöll sig till mönsterbilden från Davids tid och musiken vid Herodes tempel. Då Jesus kom och "tältade" i Israel (Joh 1:14) var det samtidigt en uppfyllelse av förbunden, bl.a. förbundet med David.

I och genom Jesus kom uppfyllelsen av det Messianska riket, vilket också innefattade musiken. Jesus och de första kristna utmanade tempeltjänsten. Jesus beskrev sig själv som templet och undervisade om ett annat centrum för tjänst inför Gud. Det var i och genom Jesus - det nya templet - som lovsången skulle upprättas och fortsätta.

Jesus sade att Fadern vill ha sanna tillbedjare som tillber i ande och sanning. Jesus hade en radikal kritik mot all form av ytlig och hycklande religiositet. Hela levittjänsten skulle flyttas från Jerusalem till hjärtat i enskilda människor - både judar och ickejudar, dvs. hedningar. Dessa bildade sedan det utkallade kollektivet (församlingen - *ekklesian*). Församlingarna samlades efter hand på olika samlingsställen (ute i naturen, i synagogor, Salomos Pelarhall, enskilda hus och senare i kyrkor).

De första kristna fortsatte att höra och läsa Tanach - GT. De tillbad också Jesus som Messias och som Herren. Denna tillbedjan levde i de första kristnas hjärtan som en porlande bäck, men **hördes** också genom röster och andra instrument. Ett av bevisen för hörbar sång hos de första kristna hittar vi i Apostlagärningarna (kap. 16). Paulus och Silas hade satts i fängelse och på natten sjöng de. Alla fångarna i fängelset i Filippi **hörde** Paulus och Silas **sjunga**. Det betyder också att deras lovsång var **stark vid detta tillfälle**. Paulus och Silas skämdes alltså inte för att sjunga starkt. Hur sjöng de? Det grekiska ordet för *sjunga lovsång* är *hymneo*. Det betyder att sjunga en hyllningssång, en lovsång till någon. Kanske var deras lovsång en Kristushymn – en lovsång till Jesus Kristus. Vi kan också föreställa oss hur två starka mansröster lät bland valven i fängelset.

Den hörbara delen av sången hos de första kristna följde det israeliska folkets muntliga tradition, den mönsterbild som David fick, men med en djupare innebörd. Denna djupare innebörd förkunnades av Jesus och de första judiska apostlarna.

(Det handlade om den djupare förståelsen och upprättelsen av Davids tabernakel.) Då Paulus i två av sina brev gav färdriktningen för församlingens hörbara musikliv var det en tydlig fortsättning på upprättelsen av mönsterbilden från David (Ef. 5:18-20; Kol. 3.15-17). Därför är det viktigt att studera David och hans psalmer för att se på vilket sätt mönsterbilden fick konsekvenser i de första kristna församlingarna.

I den här boken gör jag en genomgång av hur församlingen kan arbeta utifrån denna mönsterbild. Jag gör det utifrån övertygelsen att det inte finns någon annan grund att bygga församlingens musikliv på. Forskningen om Israels musik fortsätter. Forskarna kan naturligtvis ifrågasätta både israelernas och de kristnas muntliga traditioner, rabbinernas och de kristna teologernas tolkningar. Men i grunden finns det redan så mycket forskning att man kan tala om en viss gemensam samstämmighet (konsensus). Denna samstämmighet bland forskarna och teologerna angående den yttre formen av denna läs-sång- musiktradition gäller inte i första hand detaljer om - t.ex. exakta språkrytmer och språkmelodier, tonhöjder, hela melodier, rytmer och klanger - utan mer om formerna i vilka denna musik växte fram.

Carl-Allan Moberg sammanfattar denna samstämmighet i sin musikhistoria på följande sätt:[1] (Mina kommentarer står i parantes.)

- Ett reciterande föredrag på bestämt fasthållna tonhöjder (Detta handlade om den entoniga sångläsningen.) och med melodiska figurer som gränsmarkeringar i psalmtextens uppbyggnad, dvs. i mitten och slutet, ofta även i början av varje vers. (De här figurerna var små fasta standardmotiv - melodimotiv i början, mitten och slutet av fraserna i psalmtexten. Se *notbilagan.*)

- En mera utvecklad melodisk stil som består i kombinationer och variationer av ständigt återkommande motiv. (Detta var en improviserande sångstil med utgångspunkt från små återkommande melodimotiv. Dessa motiv utgick från vissa modus, dvs, tonförråd, liknande tonartsförråd.)

Förutom denna gemensamma struktur kan man också hitta gemensamma modus (tonförråd) och melodimotiv. Den israeliska grundvalen som vilade på mönsterbilden från David kunde genom Idelsohns forskning i början av 1900-talet

---

[1] Musikens historia i västerlandet intill 1600 Natur och Kultur utgåva 1973 sid. 51. Se också *notbilagan.*

visa att de gamla muntliga traditionerna hade hos det israeliska folket - med beundransvärd förmåga - överlevt också i diasporan (förskingringen), särskilt i avlägsna trakter i Jemen. Så forskarna har bevismaterial, men tolkningarna skiljer sig något.

När romarna hade förstört Jerusalems tempel år 70 e. Kr. och judarna misslyckats med sina uppror mot romarna på 100 – talet e. Kr. fortsatte de överlevande judarna sjunga psalmerna som ett lovoffer till Herren. Naturligtvis var det många enskilda som minns och kunde sångtraditionen från templet.

Idelsohns stora forskning av de olika judiska synagogstraditionerna i diasporan är mycket viktig i relation till judarnas historiska tradition. (Thesuarus of Hebrew Oriental Melodies 10 band 1914 – 32 och Jewish Music 1929). Men hur långt tillbaka kan vi hitta förbindelselänkarna till denna dokumentation? I de djupaste skikten kan man följa tråden ner till masoreternas tecken, som slutfördes på 900-talet e. Kr., men Idelsohn menar att vissa skikt sträcker sig åtminstone till första århundradet e. Kr. (Se Musiken i Guds rike sid. 51). Talmud visar att bibeln ska läsas offentligt och göras förståelig för lyssnarna genom en musikalisk vacker melodi. Rabbinerna menade att man fick en djupare förståelse av skriften genom att sjunga den. I Idelsohns bok Jewish music kan man också läsa om de fyrtoniga tonförråden (tetracord) som bildade grunden för motiven. Bakom melodimotiven fanns en hel teoretisk skola vars rötter stäcker sig djupt ner i historien.

Synagogorna har liksom de kristna församlingarna genom historien påverkats av musikepokernas framväxt och utveckling. Det betyder att man också i synagogorna hittar många olika musikstilar. Judarna är liksom den kristna församlingen delade i sin syn när det gäller denna påverkan. (Alltifrån de mest ortodoxa till de mest liberala.)

Då Jesus kommer tillbaka blir det **Herrens lov i Jerusalem** som blir utgångspunkten för nationernas musik. *HERRENS namn ska förkunnas i Sion och hans lov i Jerusalem, när folk och rike samlas för att tjäna HERREN* (Ps. 102: 22-23). Detta blir då Guds egen upprättelse av mönsterbilden från David. Fram till dess kommer det att finnas en kulturell mångfald som församlingen får förhålla sig till. En del kristna tycker att det ska finnas stor mångfald av musikstilar i församlingen. Jag tror också att Gud vill mångfald och variation, men frågan är vilken sorts mångfald. Satan har också ett rike med stor mångfald.

3. Skönhet och ordning i musiken

David uppmanade Israels folk och alla andra nationer att använda sina röster och instrumentresurser. Leviterna skulle använda röster och instrument på ett vackert och heligt sätt. Spela **vackert** står det i Psalm 33 och lova Gud efter hans stora härlighet står det i Psalm 150. Det betyder att leviterna hade en måttstock, som var större än de själva, då de skulle komponera och utöva musiken. Leviterna skulle lära känna Gud och sedan låta sig påverkas av Guds helige Ande i sitt komponerande och utförande. (Deras egen smak var **inte** grunden för deras övertygelse.) Gudsrelationen och Andens påverkan var förutsättningar för att skönheten och härligheten skulle finnas i musiken. Det fick till följd att de använde sina röster och instrument på ett sätt som stod i samklang med Guds egen skönhet och härlighet. I sin gudsrelation och praktiska tjänst använde de sina röster och instrument på ett naturligt sätt, grundat på *ordningen* i skapelsen, som i sin tur var grundad i Guds eget väsen.

I den himmelska ledningscentralen (*oikonomian*), uttryckt genom Jesus Kristus, finns uppfyllelsen av hela Guds tanke med skapelsen (Ef 1:9). Det betyder att all musik måste mätas i relation till den skönhet som strålar fram i Kristus. Den yttre hörbara musiken i församlingen har inte idealbilder eller idoler som förebilder. Jesus Kristus är förebilden för den yttre hörbara musiken, likväl som förebilden för det inre livet. Denna ordning, denna skönhet hos Jesus kan också stråla ut från kristna människor (2 Kor 3:18; 4:5-6). **Detta är grunden för den skönhet och härlighet som musiken i Guds församling vilar på.**

Det skönhetsmedvetande eller den intuitiva känsla för det som är vackert, som människan föds med är en gåva från Gud. Den gåvan kan brukas och missbrukas. Det finns i människan ett skönhetsmedvetande som ofta tar sig uttryck i att människan njuter av ordningen och skönheten i Guds skapelse. (När människan glider ifrån Gud och börjar tillbe det skapade så blir hennes förstånd förmörkat. Hennes omdömen förfaller. Rom.1). Den yttre skönheten i församlingens musik har oftast baserats på den ordning som finns i hela skapelsen och i människans skönhetsmedvetande. Församlingen behöver förstå att den ordningen inte är tillräcklig som grund. Originalet för hela skapelsen är inte en kraft utan en person uttryckt genom Jesus Kristus. Det är på honom musiken i församlingen djupast sett grundas, inte på skapelsen eller människans skönhetsmedvetande. Det allmänna skönhetsmedvetandet hos människan visar på att hon har en viss möjlighet – men

11

begränsad – att hitta skönheten i melodier, rytmer och klanger. Då Guds Ande påverkade leviterna upprättades också deras skönhetsmedvetande. Det innebar att leviterna var underordnade Guds helighet och skönhet. De vrålade inte bisarra ljud med sina röster eller vräkte fram vilka ljud som helst från sina instrument. (Det gjorde däremot Israels folk då de följde Baalerna - andra gudar och herrar 1 Kung. 18:28-29). Det betyder inte att Gud kan bli hörselskadad eller ser sig hotad av alla våldsamma ljud som människan kan åstadkomma, men det betyder att människan har begränsningar och ett skönhetsmedvetande, samt ett ansvar, som är viktigt att ta hänsyn till. Det betyder att den möjlighet som musikljud kan vara, också kan bli en form av avgudadyrkan i motsats till mönsterbilden från himlen och det inre skönhetsmedvetandet och ansvaret.

Leviterna under Davids tid och de första kristna hade alltså ett stort ansvar inför Gud då det gällde ordningen, formen och skönheten i musiken.

Gudlösa människor tar naturligtvis inte stor hänsyn till detta, men det bör en kristen göra. Gudlösa människor ställer ofta upp ideal, normer och regler för vad **de själva** anser vara vacker eller bra musik. Den personliga smaken eller modetrender blir utgångspunkten.

Leviternas grund låg däremot i att de skulle lyda Gud, inspireras av honom i texter, melodier, rytmer, klanger, instrumentation och utförandepraxis. (I den grekiska filosofin skulle musikerna imitera och lyda gudarna. Så grundskillnaden mellan israelernas och grekernas musik handlade om var idealet och inspirationen kom ifrån.) David, profeterna och leviterna såg på skapelsens ljud och ordningen i skapelsen som vittnesbörd om Gud. Psaltaren har en mycket positiv syn på skapelsen – också i sin nuvarande form – trots syndens och dödens makt. Leviterna bejakade då också den skönhet som finns i Skaparens konstruktion av ett instruments ton där övertonsserien är grundmönstret (se Musiken i Guds rike sid. 87).

Dessa tre grundpelare fanns alltså tydligt i Israels musik:

- Skönheten, ordningen, formerna och ljuden som Gud har skapat. Allt detta var ett uttryck för Guds väsen.

- Skönheten och mönstret i en enda ton. Detta mönster i en ton var en naturlig utgångspunkt för lek, improvisation och forskning. Denna skönhet var också ett uttryck för Guds väsen.

- Mönsterbilden som David hade fått från Gud.

En israelisk textförfattare och levitmusiker hade utifrån detta:

1. en generös möjlighet att leka, improvisera, forska, bygga, komponera, forma och utöva ljud. Denna generösa attityd, som var grundad i Guds välvilja och nåd mot Israels folk, tog aldrig Jesus eller apostlarna avstånd ifrån. I denna välvilja från Gud stod varje levit i templet, samtidigt som de var underordnade den tradition som byggdes upp av skickliga och vältränade levitledare. De var – när det var som bäst – underordnade den mönsterbild som David och profeterna hade ställt upp. Musiken bland leviterna återspeglade då Guds väsen. Och de skulle tradera denna mönsterbild. (Exempel på hur Israels folk skulle överlämna – tradera budskap m.m. finns på många ställen i bibeln. Ett tydligt exempel finns i Joels bok 1:3. Redan på Moses tid traderades sånger. 5 Mos 31:22, 30. Jmf. Ps 78:5-7. Herrens lov skulle muntligt traderas från generation till generation. Ps. 79:13. Denna muntliga musikdel skrevs alltså inte ner i samband med att orden skrevs ner. Det var först på 200- t. e. Kr. som denna tradition började tecknas ner också i "nottecken".)

2. fått lagar som varnade dem för att låta sig anpassas till hur folken runt Israel musicerade. När Israels folk var rätt inför Gud upprättades levittjänsten. Det var alltså både en musik som var fylld av Guds generösa välvilja mot sitt folk och en klar tradition med en tydlig avskildhet (helighet) från andra folks kultur.

De melodier, rytmer och samklanger som leviterna komponerade eller de samklanger som hördes vid de olika samlingsplatserna för gudstjänst var alltså sammansatta utifrån de värderingar som David och profeterna hade tagit emot från Herren. Dessa värderingar kom ur Davids och profeternas relation till Herren. Då leviterna var inspirerade av Guds Ande fick det till följd att framförandet (utförandepraxisen) av melodier, rytmer och samklanger lät vackert, **mätt utifrån Guds sätt att se det.** Då var musiken en gestaltning eller formgivning i klingande form av den himmelska verkligheten, grundad i Guds eget väsen och hans sätt att komponera i skapelsen. Denna grundhållning bör också vara utgångspunkten för varje kristen tonsättare, musiker och församling.

Då vi ser på skapelsen består den inte enbart i skönhet som kan beskrivas i matematiska formler och naturlagar. Skapelsen har också skönhet som i bibeln beskrivs mer i poetiska ord. Människor i allmänhet beskriver inte en porlande bäck i matematiska termer. De använder helt andra uttrycksmedel. Psalmerna beskriver skapelsens musik med djup respekt för Gud och hans skönhet. Herrens eget lov, hans ära och skönhet ljuder i hela skapelsen. Psalmerna är Guds samlade och i koncentrat uttryckta musik genom människor i GT. Musiken bakom trycksvärtan är variationsrik precis som i skapelsen, men också impregnerad av **ordning, skönhet, enhet och vila.** Musiken i den första kristna församlingen hade samma grundprinciper. Paulus skrev i sitt första brev till Korinterna om den yttre ordningen och tydligheten i musiken.

Han menade att det fanns kopplingar mellan tydligheten i musiken och ordningen och tydligheten i orden som talades (1 Kor. 14: 7-12).

För en kristen tonsättare och musiker betyder detta att det ska vara en ordning och tydlighet i det som komponeras. Det var aldrig fråga om kaos och brutalitet i de första kristnas församlingar, när det stod rätt till. **Ordning, frid och skönhet är grundstenar i skapelsen. Detta måste också vara grundstenar som återspeglas i församlingens musik.**

4. Övertonserien

Leviterna på Davids tid musicerade troligtvis utifrån olika skalor, uppbyggda **med utgångspunkt från övertonsserien.** (I *notbilagan* visar jag övertonsserien.) Leviterna hade övertonsserien i t.ex. silvertrumpeterna. Harporna var strängade och stämda i någon form av stamtoner, där skalor (modus) kunde bildas. Flöjterna hade möjlighet till överblåsning och någon form av stamtoner - när de hade hål.

Övertonsserien är en gåva från Gud och kan ses som ett **Guds musikaliska alfabet.** (Andra musikaliska alfabet bör ses som mänskliga konstruktioner som kan användas, men inte försvaras som något universellt. De olika stämningarna av instrument är inte heller något universellt, t.ex. den tempererade stämningen. De akustiska svängningarna i övertonsserien, som bildar den s.k. rena stämningen är däremot den stämning som Gud gett en ton i skapelsen.

Se t.ex.

- https://sv.wikipedia.org/wiki/St%C3%A4mning_(musik)
- http://www.musikipedia.se/overtoner

De s.k. stamtoner (tonförråd) som bildats utifrån lek och forskning med utgångspunkt från övertonsserien är i stort desamma över hela världen. Detta är alltså ett ganska internationellt sätt att bygga tonförråd på. Dessa tonförråd är däremot varken gudomliga eller universella. Då Gud skapade melodier var han inte begränsad till några speciella stamtoner. Fåglar kvittar melodier med väldigt olika sorters tonsteg. (De flesta fåglar följer inte en enskild serie av stamtoner. Gud har komponerat de flesta fåglarnas läten utifrån **ljudet som grund**, inte utifrån en enskild övertonsserie.)

Det finns s.k. skalor i övertonsserien. De svängningstal som bildar olika s.k. steg i övertonsserien är övertonsseriens skalor. I skapelsen blandas olika toner till olika slags brus. Precis som med grundljuden (fonemen) i människans röst, så är toner en möjlighet att upptäcka olika musikspråk/stilar och musikdialekter. Det finns tusentals musikspråk/stilar och dialekter.

En del av musikinstrumenten som israelerna tillverkade var alltså gjorda utifrån övertonsseriens mönster. Bibelns instrument kan delas in i familjer:

- Familjen blås
- Familjen sträng
- Familjen slag

Dessa familjer har i sin tur genom historien delats upp i andra familjer, t.ex. familjen träblås, bleckblås, tangent, stråk. På Davids tid hade man minst 20 olika instrument.

5. Mönsterbildens fortsättning bland de första kristna

Då Jesus och lärjungarna sjöng lovsången (Matt 26:30) var det en naturlig del av det judiska påskfirandet. De var inte leviter från Levi stam, men de sjöng psalmerna. Det var också naturligt för de första judekristna att fortsatta sjunga psalmerna.

De första judekristna i Jerusalem samlades i Salomos pelarhall (inom judendomen kallad Stenhallen) för att tillbe Herren. Denna plats var ett slags friluftsynagoga där många judar samlades – en plats som liknade Västra muren. Det var en välbesökt plats för att läsa - recitera Tanach, diskutera bibliska texter och be. Detta var också en plats där levitmusikerna kunde lära ut sångerna som sjöngs i templet. Det berättas om levitmusikern Joshua ben Hananya, som tjänstgjorde vid Herodes tempel under det första århundradet. Tillsammans med sina levitkollegor gick han efter sin tjänstgöring i templet till Salomos pelarhall för att leda den dagliga tillbedjan där. (Eric Werner: The Sacred Bridge sid. 24-25.) Pelarhallen var också platsen där *maamadot* – de stående – samlades. De hade en slags mellanställning mellan synagogan och templet, en viktig förbindelselänk mellan det utvalda prästerskapet och lekmännen i synagogan. På det sättet kunde templets lovsånger läras in och ut (traderas) av flera än de levitiska prästerna. Så atmosfären i Salomos pelarhall var ett sorl av röster, liknande det man möter vid Västra muren idag, med bl. a. sång från psaltarpsalmerna.

Troligtvis hade en del judekristna lärt sig psalmerna genom levitsångarna eller genom dessa *maamadot*. Det finns inte några skriftliga notdokument som visar de musikaliska förbindelselänkarna från de första kristnas muntliga musiktraditioner till de första upptecknade psalmerna med utskrivna accenter ("notskrift"). Men det finns beskrivningar av formen och karaktären i melodierna. Judar, judekristna och hednakristna läste eller reciterade kontinuerligt texter ur GT när de samlades.

Det berättas också att "någon" sjöng sånger mellan dessa textrecitationer eller textläsningar. Från tidiga källor kan vi läsa om hur "någon" sjöng en av Davids psalmer och hur övriga i församlingen svarade genom att härma eller bara sjunga med i de sista orden i verserna. Troligtvis kunde denne "någon" psalmtraditionen från templet. Ur denna växelsång mellan "någon" och församling växte det senare fram en slags refräng (antifon) som församlingen sjöng med i.

Clemens I - en församlingsledare i Rom på 90-talet e. Kr. - skrev ett brev till församlingen i Korint där han uppmanade församlingen att fortsätta be det trefaldiga helig (Hebr. *kedusha*), som var en etablerad och viktig del av tillbedjan i Jerusalems tempel och i synagogornas gudstjänster. På ett liknande sätt fortsatte (traderade) de första kristna att sjunga psaltarens sånger, samtidigt som de förmedlade nya hymner och profetiska sånger under Andens inflytande. På detta sätt kan varje kristen sjunga och be psalmerna och gå djupare och djupare in i lovsång och tillbedjan och genom den helige Ande bli genomlysta av Guds härlighet.

Tertullianus berättade på 200-talet e. Kr. om hur de kristna sjöng, antingen från Skrifterna eller nya egna sånger. (Tertullianus: Apologin 39).

Allt detta visar på förbindelselänkarna (traditionskedjan) mellan judarnas sång och formen på hur de judekristna fortsatte att recitera och sjunga. Men hur lät det? För att fördjupa sig i det ämnet behöver man först läsa Idelsohns och Werners forskningsböcker. Werner visar att de nottecken som växte fram ur masoreternas arbete - som fick sin slutgiltiga form av Aron ben Asher på 850-t. e. Kr. - utgör grunden för den musik som hade förts vidare generation efter generation genom traditionsbärare (bl. a. genom judiska hazans - sångare).

Var då denna första judiska notskrift en uppteckning av mönsterbildens musik från David? Det vet vi inte, men vi vet att judarnas skriftliga och muntliga traditioner har varit omgiven av rigorösa regler och trofasta traditionsbärare. Det förekom tidigt en teckengivning med hand och pekfinger (cheironomi). Därför kan vi anta att det finns djupa kopplingar mellan dessa masoretiska tecken till de första kristnas sång och vidare ner till Davids mönsterbild.

Bibeln talar mycket om att förmedla Guds undervisning från generation till generation. Jesus och apostlarna bejakade naturligtvis den sanna läran och traditionen, men de var emot dåliga vanor, falsk lära och falsk tradition. Mönsterbildens fortsättning (tradering) hos de första kristna var både **hörbar** och hade samma **yttre former** som den judiska förebilden. Mönsterbilden uppfylldes i Kristus och formades och hördes bland de första kristna som en djupare uppfyllelse av Davids upprättade tält (tabernakel). Formen och melodierna var troligtvis inte exakt desamma som när mönsterbilden tog form vid Davids tabernakel eller bland leviterna vid Salomos tempel, men huvuddragen och grundstommen var troligtvis desamma. Det är också troligt att en del melodier, rytmer och klanger överlevde de 70 åren i den Babyloniska fångenskapen på 500-talet f. Kr. Så den yttre formen liknade mönsterbilden och traditionen levde vidare bland de första kristna, men det inre livet och härligheten hade flyttats från det fysiska templet i Jerusalem till den kristna församlingen. Det betydde inte att Gud hade övergett den sanna läran och traditionen i GT eller det judiska folket och landet Israel, men det betydde att **också** hedningarna skulle få del av Davidsförbundet och det upprättade bönehuset – Davids upprättade tabernakel.

Härligheten (*shikina*) - Guds egen personliga närvaro - som var det viktigaste i Jerusalems tempel bodde enligt Johannes i Jesus (Joh 1:14). Jesus sade också i sin bön före sitt lidande att han hade gett härligheten till sina lärjungar. (Joh 17:22) Så mönsterbildens viktigaste del – shekina - härligheten, Gudsnärvaron – fanns både i Jesus och i hans lärjungar. Detta var den inre skönheten också i de första kristnas sång. Den hörbara skönheten i musiken var viktig, men Guds härlighet, i enskilda kristna, i församlingen och genom musiken var och är det viktigaste. De första kristna levde alltså i Kristus, som var och är härligheten från Gud och såg på musiken som ett utflöde av denna livsrelation de hade till den levande, uppståndne. Relationen till Jesus Kristus och den inbördes relationen med varandra var viktiga byggstenar (Rom15.5-13). Så de första kristnas hörbara musik vilade tryggt på GT's undervisning och fortsatte förnyat bland både kristna judar och hedningar.

Fler länkar i traditionskedjan

Om vi ska hitta fler förbindelselänkar mellan psalmsången i Jerusalems tempel och den växande kristna församlingen fram till 300-talets början behöver vi dessutom se att:

- Paulus talade mycket om den **tradition** som han **överlämnade** (traderade) till församlingarna i mindre Asien. Detta beskriver forskaren Birger Gerhardsson tydligt i sin skrift Evangeliernas förhistoria (Novapress). I denna tradition läste, reciterade och sjöng man GT´s skrifter där också psalmerna var en naturlig del.

- Traditionen efter Paulus visar att församlingarna uppmanades att stabilt hålla sig till **"fasta regler för tjänst"** (Clemens brev till församlingen i Korint). Det innebar att man skulle hålla fast vid apostlarnas undervisning, men också hålla fast vid t.ex. textläsningar ur GT och i detta också tjänsten att lovsjunga och tacka Gud (Apg. 2:42; 13:2). Denna tjänst hade de kristna enskilt och tillsammans när de samlades. Det verkar dessutom som att de också höll fast vid synagogans grundordning vid sina samlingar. Paulus brev visar detta, särskilt breven till församlingen i Korint (se Musiken i Guds rike sid. 246-248).

- Psalmtraditionen finns klart belagd i generationerna efter de första kristna. Traditionen att memorera och recitera Skrifterna (GT) och Jesu undervisning var alltså grundlagd hos de första kristna och generationerna fram till 300-talet. (1 Tim 4:13)

- Från 300-talet fram till 600-talet utvecklades denna recitation och psalmtradition till olika traditionsgrenar som efter hand skrevs ner på samma sätt som masoreterna hade skrivit ner sina "nottecken". Skillnaderna mellan olika psalmtraditioner bland de kristna i hela romarriket har utforskats och fortsätter att utforskas.

6. Hur bör kristna förhålla sig till de första kristnas musiktradition?

Som jag har skrivit i Musiken i Guds rike, så har högläsning, recitation och kantillation varit en del av uppbyggnaden av den Israeliska musiken och de första kristnas tillbedjan. Det finns ingen anledning för en enskild kristen eller församling att ta avstånd från detta. Jag vill därför uppmuntra kristna att högläsa texter enskilt och tillsammans. Jag vill också uppmuntra enskilda kristna och församlingar att sjunga sånger som talsjungits och som också idag följer talsångsprincipen. Naturligtvis kan också recitationer och kantillationer – liksom all form av musik – bli en konstart eller tradition som hyllas i sig själv, där inte hjärtats övertygelse finns med.

Omkring 1450–talet blev en del protestanter i Genève övertygade om att psaltarpsalmsången – dvs. psalmerna efter talsångsprincipen – från tränade körer i den romersk katolska kyrkan inte hade någon plats i församlingens eller de enskilda kristnas liv. Detta menar jag var en förhastad slutsats. Luther höll inte med Calvin och de reformerta (se allmän kyrkohistoria). Psaltarpsalmerna hade nämligen sjungits sedan den första kristna tiden. Visserligen inte från början med vältränade körer, men väl av "någon" och församlingen som helhet.

Det är ingen tvekan om att mycket i den romersk katolska kyrkan under de första 1500 åren hade förfallit till avgudadyrkan, falsk lära och meningslösa traditioner. Trots detta betydde det inte att allt var förfallet och all tillbedjan och lovsång var korrumperad i hela den kristna kyrkan och bland alla kristna. **Men motiven för att sjunga psalmerna efter talsångprincipen vilar inte på de ortodoxa eller katolska kyrkornas psalmtraditioner. Motiven vilar på Davids mönsterbild, alltså i Guds egen plan med musiken.**

De olika psalmtraditionerna i synagogorna världen över och i de historiska kyrkorna är helt enkelt olika varianter på talsångsprincipen. En del psalmtraditioner kan naturligtvis inte hävda att de har historiska rötter och förbindelselänkar till de första kristna.

Är det viktigt att söka efter och hålla fast vid denna tradition? Ja! För de första kristna var denna tradition viktig - t.o.m. i de ickejudiska församlingarna.

Detta borde motivera alla kristna och alla församlingar att söka sig till denna djupa rot. Det betyder inte att alla traditioner i församlingarna var sunda och riktiga under de två första århundradena.

En del psalmtraditioner i den kristna historien har mycket melismer dvs. flera toner på en stavelse. Detta har ibland ifrågasätts utifrån att församlingen som helhet inte fått ett bra sammanhang i texten och att texten utsmyckas för mycket. Detta problem har diskuterats i hela historien och handlar egentligen om i vilken grad församlingen kan använda ordlös musik i församlingen.

7. Ordlös musik och jubilationer

Ordlös musik och s.k. jubilationer har förekommit under hela den bibliska historien. Bibelns psalmer uppmanar helt klart att sjunga, jubla och spela den ordlösa musiken. Den ordlösa musiken har naturligtvis bl.a. använts för att försköna och utsmycka, förutom att vara ett redskap för jubel och tillbedjan. Församlingen kan därför utrycka sin ordlösa glädje, sitt jubel till Gud, för hans skapelse, hans ord och hans mäktiga gärningar. Faran finns naturligtvis att församlingen blir mer intresserad av att höra och utföra ordlös musik än att höra bibelns ord och predikningar. Augustinus varnade för avgudadyrkan av musikens skönhet och dess sköna känslor. Den varningen var och är befogad, men kanske inte tillräckligt klarsynt. Gud har ju helt klart predikat i hela skapelsen med ordlös musik (ljud). Därför tror jag det är viktigt att församlingen **också** "predikar", lovsjunger och jublar med den ordlösa musikens möjligheter. **Hur** är den stora frågan! Sjung, jubla och spela vackert i samklang med Guds väsens skönhet är bibelns svar.

Hymner (Sångerna om och till Jesus – s.k. Kristushymner)

Hymnernas historia kan vi följa alltifrån de första kristnas lovprisning till den med "noter" nedskrivna hymnen från Oxyrhynchos i Egypten på 200-talet. Vi kan sedan följa de olika grenarna i historien (se den allmänna hymnologin).

De hymner som församlingen väljer och hur de utför dem (utförandepraxis) bildar en sådd och skörd. Församlingen är förmanad att så och skörda i Andens åker. Det innebär att hymnerna ska vara sanna i sitt textinnehåll och återspegla Jesus Kristus i hela sin musikaliska dräkt och utförandepraxis.

Sången med/i anden

Denna sång går också att spåra genom historien (se Musiken i Guds rike). Det ordlösa jublet inför Herren har ofta brutit fram där Guds Ande har verkat. Ståndpunkten att sången med anden, jubelropen och det ordlösa jublet dog ut i och med den första kristna generationen har ingen historisk förankring. Därför bör församlingen vara öppen för hur den helige Ande leder denna del av musiken i församlingen. Paulus undervisning är grunden och vägledande.

8. Några stilarter i den flerstämmiga västerländska musiken

Notskriften i den kristna församlingen utvecklades först på 800-talet. Troligtvis var den enstämmiga unisona sången den förhärskande musiken i stora delar av den kristna församlingen fram till 800-talet.

Från 800-talet och framåt kan man följa den flerstämmiga västerländska musiken. När man på 1000–talet uppfann linjesystemet (Guido av Arezzo) för notskrivning så tog flerstämmigheten fart. Det fanns flerstämmighet innan dess men på 1000-talet utvecklades den snabbt. Den unisona sången med intervallerna prim (1) och oktav(8) sågs länge som de perfekta konsonanserna (välljudande klanger). Med flerstämmigheten började också kvinten (5) och kvarten (4) accepteras som konsonanser. I England förekom också tersen (3) som en accepterad konsonans. Generation efter generation började bedöma de olika intervallerna och klangerna i övertonsserien. Olika musiktraditioner och musikstilar utvecklades.

Flerstämmigheten kan – som den utvecklades i församlingar i Europa – ses som en fortsatt utsmyckning av bibliska texter. I min bok beskriver jag lite av hur församlingen genom teoretiska regler försökte hålla utsmyckningarna i styr genom att tukta och beskära flerstämmigheten med tydliga och klara regler.

Det har genom historien i huvudsak funnits två olika sätt att bygga flerstämmighet:

- Flera melodier har byggts på varandra och bildat en flerstämmighet (s.k. horisontalt tänkande).
- Flerstämmiga klanger (ackord) har bildat utgångspunkt för komponerandet av melodier (s.k. vertikalt tänkande).

När man började lägga melodier på varandra uppstod olika samklanger. En del intervaller och klanger bedömdes olika av musikauktoriteter (filosofer, teologer, musikteoretiker, tonsättare och musiker). Detta bildade sedan mönster för olika musikteoretiska lärosystem, naturligtvis grundade på någon form av filosofi.

Utvecklingen från Musica Enchiriadis - den första kända skriftliga noteringen av flerstämmig musik - genom epokerna Ars Antique, Ars Nova och fram till det fulla accepterandet av dur och molltreklangerna som konsonanser, var naturligt utifrån övertonsserien (se allmän musikhistoria). Då man började analysera och värdera konsonanser och dissonanser (missljudande intervaller) så var det alltså utifrån personlig filosofi och personlig smak. Detta påverkade i hög grad musikens utveckling.

Den flerstämmiga utvecklingen i väst var alltså en konsekvens av övertonsserien, men samtidigt grundad och värderad utifrån subjektiva mänskliga bedömningar.

Det var i och med Ars Antiqua perioden i mitten av 1000-talet som de första kända kontrapunktiska reglerna började dyka upp. (Det handlade om regler för **vilka** intervaller, rytmer och klanger som skulle användas i flerstämmigheten och **hur** de skulle användas.).

Två tydliga regler blev då framträdande:

- I början av takten bör i alla modi sättas konsonans utan hänsyn till om den första är en longa, brevis eller semibrevis. (Denna regel innebar i praktiken att man skulle välja konsonanser på betonade taktslag. Undantag gjordes för synkopen.)
- Tersen och sexten började gradvis användas som fullständig konsonans. (Kvarter och kvinter kombinerade med oktaven på betonade taktdelar var under Ars antique perioden ändå de mest dominerande.)

Under Ars nova tiden (ca.1300-1450) blev dur och molltreklangerna mer framträdande, för att senare under renässansen (ca.1450-1600) helt dominera. 1600-talets musik (barocken) byggde vidare på dur och molltänkandet med en friare dissonansbehandling. Dissonanserna septimor och nonor blev mer och mer accepterade som konsonanser, men reglerades efter vissa musikteoretiska regler. Mellan 1600-1750 var barockens tänkande och musikutveckling dominerande i Europa. Under upplysningstiden blev det nya ideal som styrde musikens utveckling. Man ville ha "enklare" och mer "genomskinlig" musik. Samtidigt ville man uttrycka mer känslor i musiken (Haydn, Mozart, Beethoven). Den kromatiska skalan blev en symbol för att man kunde använda nya dissonanser på ett nytt sätt. Detta ledde fram till romantikens dissonanstänkande där tonaliteten mer och mer löstes upp (Wagner). (Brahms och andra fortsatte envist att hålla fast vid tonalitet.) Den s.k. atonaliteten utvecklades och man fortsatte att forska och experimentera kring ljud.

Skapelsen är full av klanger. Det dånar, bullrar, viner, tjuter och brusar i skapelsen. Då människan under 1900-talet forskade och experimenterade med ljudet som utgångspunkt öppnades oändliga möjligheter.

Gud blir naturligtvis inte överraskad då han hör och ser allt mänskligt forskande och experimenterande med ljud, men han dämpar de gudlösas musik (Jes. 25:5). Han sätter helt enkelt sordin på de gudlösas musik och till slut kommer hela Babylons musikmaskineri under Guds dom (Upp 18:21-23). Det betyder inte att Gud begränsar människans frihet att leka, improvisera, forska, tonsätta och musicera. Det betyder att Gud, förutom att han dämpar de gudlösas musik, har satt en gräns för hur långt människan kan och får förstöra sig själv och andra med hjälp av ljud.

Frågan är vilken andlig makt och vilken filosofi som styr komponerandet och utförandet av musik. Det är utifrån församlingens perspektiv viktigt vilken andlig makt, filosofi och allmänt tänkande som ligger till grund för komponerandet och utförandet. En musik grundad på andra grundvalar än en respekt för Gud och hans skönhet leder alltid till vrångbilder, pervers konst och destruktiv musik.

Det finns tonsättare under 2000-talet som fortsätter att skriva musik utifrån tonalitet, konsonans och dissonanstänkande. Flera av dessa tonsättare söker sig fram till klanger som motsvarar deras eget eller andra människors skönhetsideal.

Församlingens grundval för musikens filosofi vilar på bibelns undervisning. Därför är det viktigt att ordning, form och skönhet odlas i församlingen. Kaos, formlöshet och slumpartad musik kan därför inte accepteras i församlingen. Däremot måste församlingen alltid föra samtal om förhållandet mellan konsonanta (välljudande) och dissonanta (särklingande) klanger. I detta samtal finns det två diken:

- Alltför detaljerade personliga smakuppfattningar. Det kan t.ex. innebära att man inte kan acceptera ett visst ackord i en sång och blir alltför hård i denna uppfattning.

- Alltför "högt till tak" där inga begränsningar får hävdas. Det kan t.ex. innebära att man "kör över" andras åsikter om konsonanser, dissonanser, instrumentation, utförandepraxis m.m.

Kristna har under hela historien varit med och byggt upp olika teoretiska musiksystem. De har lekt, improviserat, forskat och diskuterat hur melodier, rytmer och klanger borde utformas. En del personer bröt sig ut från de tankar och vanor som var utbredda under deras tid. Det resulterade i olika stilar och musikdialekter. Vill man lära sig det teoretiska hantverket i dessa stilar behöver man ofta lära sig de regler som låg till grund för dessa stilar. (Om man t.ex. vill lära sig renässansstilen i Europa på 1500-talet så behöver man för det mesta studera de musikteoretiska grunderna på den tiden för att kunna komponera i samma stil. Man behöver lära sig både den teoretiska och praktiska delen av hantverket.)

De reformerta, puritanska och pietistiska kyrkogrenarnas reaktion mot katolska och Lutherska kyrkans konstnärliga grannlåt var förståelig, men enligt min uppfattning inte den rätta vägen för kristenheten. Trots att mycket gott har kommit ur de reformerta och pietistiska traditionerna, så var och är deras tänkande inte övertygande då det gäller musiken i Guds församling. De motiverade inte sin uppfattning utifrån en biblisk hållbar ståndpunkt. Ofta blev det den personliga smaken och ett starkt motstånd mot den etablerade kyrkan som fällde de starkaste avgörandena. Dessa kyrkogrenar bildade sedan egna nya traditioner.

Jag menar att församlingen var och är kallad att vara huvud och inte svans också på musikens område (5 Mos 28:13). Det har funnits exempel i församlingens historia på kristna tonsättare och musiker som med sin musik har påverkat mer än sin egen generation. De visade att det är möjligt för kristna kompositörer och musiker att ge ett trovärdigt vittnesbörd om en upprättad musikkultur.

Jag är övertygad om att det är möjligt för Guds församling att vägleda skickliga tonsättare och musiker in i en djup relation med Herren. Jag är också övertygad om att det är församlingens ansvar att föra dem in i en djup förståelse av kärlekens och enhetens betydelse, samt musikens plats i församlingen. Då detta sker kan Guds härlighet komma över både tonsättare, musiker och församling.

9. Förutsättningar för att Guds härlighet ska vila över enskilda och församling i deras musicerande.

Leviterna var klädda i vitt linne. I nya förbundets ljus handlar det om den rättfärdighet som kommer av tro på Jesus Kristus. Denna rättfärdighet är en av grundförutsättningarna för att härligheten ska vila över en människa och församling.

I 2 Krön. 5 handlade det också om **samordning** och **enhet**. I NT betyder det Andens enhet och samordning av tänkandet i praktiska frågor. Det handlade också om **samstämmighet**. (Detta har jag skrivit om i Musiken i Guds rike, sid 98-102. Hebreiskans *kol echad* som betyder *ett ljud* visar denna samstämmighet bland musikerna. Jag har gett en tolkning av detta i Musiken i Guds rike. I NT är Rom 15 ett viktigt kapitel för att förstå enheten och samstämmigheten i församlingen då vi talar om musiken. Detta var och är grundförutsättningar för att Herrens shekinah - härlighet ska komma över musiker och församling.)

Då Herren söker det vackra i musiken söker han efter dessa grundstenar rättfärdighet, samordning, enhet och samstämmighet. Herren ger denna samstämmighet om han får människor som är villiga att följa honom. Herrens härlighet är det bästa en tonsättare, musiker och församling kan få vara med om. En del av Herrens härlighet är hans specifika närvaro i tid och rum. Herrens härlighet är viktigare än musikalisk skönhet och perfektion. Därför är också förutsättningarna för denna specifika närvaro viktigare än vad gudlösa människor kan åstadkomma genom musikalisk perfektion och uttryck. Gudlösa människor (det gäller för övrigt alla människor) kan inte prestera de heligas rättfärdighet, enhet och samstämmighet. Detta är gåvor från Gud genom tro på Jesus Kristus.

Varken puritansk stramhet och enkelhet eller musikaliskt överflöd, skönhet och perfektion kan alltså i sig själv dra till sig Guds specifika närvaro och härlighet.

Den yttre skönheten i musiken är en fråga om respekt och vördnad för Gud och hans ord. Då en tonsättare har denna vördnad för Gud finns en av grundförutsättningarna för hennes komponerande. Men då rättfärdighet, sanning, Andens enhet och samstämmighet är etablerade finns större förutsättningar för att också den yttre hörbara musiken blir vacker.

Praktiska övningar i församlingen

Vad blir då den praktiska konsekvensen av att följa Jesus på musikens område när vi har mönsterbilden från David som kompass?

Först behöver församlingen förstå att den muntliga tradition som Israels folk hade innan den tecknades ner var mer fullständig än när den blev nedtecknad. Församlingen behöver därför förutom bön och bibelstudier också ägna sig åt musikforskning, analys och strategi - detta i förlängningen för att ha en genomtänkt musikteori. Församlingen behöver undervisning om musikens material, form och hantverk. Detta är nödvändigt om församlingen ärligt ska kunna odla en yttre hörbar musiktradition som står i samklang med den nya sången som bröt fram genom Jesus och den tradition som Jesus och apostlarna överlämnade (traderade). Det behövs också ett medvetet utövande - en medveten sådd och skörd.

Det musikaliska hantverket har samma förutsättningar som annat hantverk. Förutom undervisning om musikens ursprung och funktion, behöver församlingen praktiskt öva sånger och lära sig vad det innebär att tjäna Gud med musiken som medel. Församlingen behöver få en förståelse för hur musikens hantverk fungerar, hur musiken är uppbyggd, kan användas och kan påverka. Därför behöver församlingen sätta sig in i en del olika delar av musiken.

Jag ger här några få praktiska förslag på hur församlingen kan upprätta och hålla fast vid en sådan musiktradition. Det är viktigt att församlingen förstår att tillbedjan i ande och sanning är en tjänst inför Gud. Detta är tillsammans med sund undervisning (lära) och sund moral något av det viktigaste i församlingen (Joh. 4; Ef 5: 19-20). Församlingen behöver ha en sund hållning till Bibelns undervisning, livsstil och gudstjänsttradition, där undervisning, tacksamhet, lovsång och tillbedjan i toner, rytmer och klanger var och bör vara en naturlig del. I vår tid handlar det också i högsta grad om vilken musik som enskilda, familjer och församlingar **lyssnar på, låter sig påverkas av** och **väljer att odla**.

De praktiska övningar som jag föreslår är i grunden till för hela församlingen. Alla övningar är förslag och kan naturligtvis utföras på olika sätt.

Den arbetsbok som kommer efter dessa församlingsövningar är mer till för tonsättare och musiker och de som kanske får uppdraget att leda församlingens musikliv.

Jag rekommenderar också att läsa Fabian Ståhles häfte: *"Awake, awake, sing your song! How you can begin to worship Jesus with your own songs"* som handlar om att varje enskild kristen kan sjunga sina egna sånger. Den kan beställas från Lulu.com.

Övning 1
Att upptäcka röstens möjligheter

Det är nödvändigt att församlingen undervisar om hur Gud ser på människans röst. De första ljuden som ett foster upplever är troligtvis mammans röst. Det är viktigt att församlingen har en positiv attityd till människans röst. Rösten är en gåva från Gud. Tidigt bör barn få höra att de har **fina** och **starka** röster, skapade av Gud. Rösten ska användas hela livet. Det är ett mycket fint instrument. Rösten behöver därför vårdas och tränas för att fungera väl. Denna positiva syn på människans röst behöver grundläggas tidigt hos barnen.

Den första övningen handlar därför om att upptäcka röstens möjligheter.

1. Upptäck olika **blåsljud** genom hals, tunga och läppar. (Använd inte stämbanden.)
2. Upptäck också visselljud.
3. Upptäck blåsljud med hjälp av händerna som instrument.

4. **Stämbanden** kan tränas på många sätt. I *notbilagan* ger jag några förslag på övningar.
5. Öva **stämbanden** med hjälp av ljuden b, d, g, j, l, m, n, r, v (tonande konsonanter)
6. Öva skillnaden mellan talljud och sångljud. Sångljud har ofta en **fixerad tonhöjd**, medan talljuden oftast har **glidande tonhöjd**. Man talar om språkmelodi, vilket visar det nära sambandet mellan sång och tal. Öva att glida mellan språkmelodi och sång.
7. Öva **höga – låga (djupa), starka – svaga** röstlägen.
8. Öva olika **karaktär på rösten**. (Mjuk, blåsig, spänd, glad, ledsen o.s.v.)
9. Öva olika sätt att **förstärka** tonen från stämbanden (huvudklang – bröstklang).
10. Öva **artikulation** där svalg, tunga, tänder och läppar används.

När församlingen har grundlagt en positiv syn på människans röst och när det är naturligt att använda rösten både i "den egna kammaren" och offentligt till sång så har mycket vunnits. (Ingen i församlingen ska behöva känna att hon inte kan eller får sjunga med i församlingens tillbedjan. Utifrån denna positiva syn är ingen människa "omusikalisk".)

Övning 2
Att upptäcka musikinstrument och hur de fungerar

Förutom att använda rösterna kan församlingen använda både händer och fötter som instrument. I psalmerna uppmanas människan att uttrycka sitt lov med allt som kan ge ljud ifrån sig. Bibeln inbjuder människan att använda alla sorters instrument (Ps. 150). Huvudfrågan bör vara **hur** instrumenten används. Det är viktigt att hela församlingen får en gemensam förståelse för hur musikinstrument fungerar och hur de kan användas i församlingen. Frågan om **hur** instrumenten bör användas har alltid varit ett samtalsämne i den kristna historien. Frågan har oftast inte varit hur musikinstrumenten ser ut eller låter i sig själva. (Den bildliga tolkningen av instrument som tidigt förespråkades i kristna sammanhang har inte en hållbar förankring i biblisk undervisning. Se Musiken i Guds rike sid 116-120.)

Församlingen får naturligtvis tycka mer eller mindre om musikinstrument och deras ljud, men församlingen bör ha en generös attityd till musikinstrument med deras möjligheter. Upptäck möjligheterna med händer och fötter och sedan de olika instrumentfamiljerna genom att se vilken familj ett instrument tillhör.

1. Spela t.ex. med olika klockor, knäpp på en spänd sträng och blås i flaskor. Slå på olika föremål med olika klubbor.

2. Upptäck **övertonsserien** med hjälp av t.ex. en **näverlur** eller en **naturtrumpet** (lur, horn eller trumpet utan ventiler).

Från övertonsserien kan man förutom stamtoner upptäcka:

1. Intervaller (avstånd mellan två toner)
2. Klanger (två och flera toner samtidigt)
3. Klangfärger

Övertonsserien har många variationsmöjligheter. Övertonsserien innehåller klanger och klangfärger som olika personer i församlingen naturligtvis kan tycka olika om, men församlingen behöver förstå att Gud tycker om det han har skapat. Det betyder t.ex. att han tycker om dur och mollackord, septimackord och nonackord. Han tycker också om de olika tonförråd (skalor) som finns i övertonsserien.

Då personliga värderingar uttrycks är det viktigt att erkänna dem som personliga bedömningar. Personliga värderingar och bedömningar har stora konsekvenser i sociala sammanhang, också i kristna församlingar. Det är viktigt att församlingen kommer till en gemensam förståelse för att klanger och klangfärger är något som Gud tycker om, även om enskilda personer i församlingen inte tycker om en del av det. Alla tycker inte om fågelsång, men det gör Gud. Kanske har Gud vissa favoriter bland fåglarna, men det vet vi inte. Han har inte talat om detta. Sin egen skapelse som helhet har han värderat i termerna *vackert* och *mycket vackert* (1 Mos 1:25, 31). Han har också talat om att mänskliga röster kan sjunga väl och att musiker kan spela skickligt (Hes. 33:32).

Församlingen kan inte skapa på samma sätt som Gud har gjort, men församlingen kan ha hans majestät, skönhet och härlighet för ögonen då den upptäcker och undersöker ljuden och rytmerna i skapelsen. Församlingen kan låta sig inspireras av skapelsens förkunnelse och studera hur Gud tänker och känner angående ljud, puls och rytm.

Övning 3
Att arbeta med melodier

Gud har skapat melodier, pulser, rytmer och klanger ungefär som han har skapat färger och former på djur, fåglar och växter. Guds skaparlust verkar vara oändligt stor.

I skapelsen hörs miljontals olika melodier, rytmer och klanger. När människan gör melodier brukar hon göra det spontant eller genomtänkt. Småbarn sjunger ofta när de leker. De minsta barnen gör det helt utan vuxenvärldens gränsdragning mellan språkmelodi och tonspråksmelodi med ett begränsat tonförråd. Vuxna nynnar eller visslar melodier spontant, oftast utifrån ett **inlärt** tonförråd. Musikens språk och dialekter följer ungefär samma utvecklingsmönster som språkutvecklingen.

Övningarna är till för att uppmuntra församlingen att lära sig grunderna i hur melodier byggts och kan byggas.

1. Vissla, nynna, sjung, spela spontant (improviserat) med utgångspunkt i **språkmelodin i ditt eget språk och dialekt.**
2. Vissla, nynna, sjung, spela långa och korta tonstötar på **samma ton.** Använd också pausen.
3. Gör samma sak på **två tonhöjder.** Med två tonlägen kan man göra fler variationer.
4. Gör samma sak med **tre och fler tonhöjder.** (Det behöver inte låta på ett speciellt sätt efter ett traditionellt eller fastlagt tonförråd.)

Övning 4
Att arbeta med notskrift

Notskriftens historia sträcker sig flera tusen år tillbaka. De övningar jag föreslår här går från att rita linjer för hur en melodi kan röra sig till att rita tonhöjder på ett notsystem med fem linjer.

1. Rita en **"kurva"** med höjd och lågpunkt. (I *notbilagan* visar jag olika exempel på kurvor eller linjer i melodier.)
2. Rita **korta motiv** (liten byggsten i en melodi). Lyssna hur koltrasten gör.
3. Rita ett **"skelett"** utan rytmer, t.ex. med ovala småcirklar (elipser) i olika tonlägen. (Varje melodistil har sina tonförråd och regler. Under renässansen formades en stil som ibland kallas för palestrinastilen, efter tonsättaren G. P. Palestrina   1524-1694.
   Då jag arbetade med denna stil fick jag lära mig många regler för att bygga upp en enkel melodi med helnoter. I själva verket har varje stil och musikdialekt sina regler, vanor eller traditioner för hur en melodi bör formas.)
4. Samtala om **olika sätt att rita långa och korta toner.** (t.ex. __ _ _____ _ _) Träna både **enkla och mer komplicerade rytmer**, både med och utan jämn puls.
5. Rita en **motmelodi** (kontrapunkt) till samma melodi (över eller understämma. Se *notbilagan*. Man har genom tiderna haft olika värderingar på hur motstämmor bör utformas.)
6. Gör melodier utifrån **andra skalor** (tonförråd) i övertonsmönstret.

När församlingen har fått en förståelse för hur melodier kan vara uppbyggda kan den öva olika sorters melodier ur den judiska och kristna traditionen.

Övning 5
Att arbeta med pulser och rytmer

Puls kallas de tidsintervall som återkommer regelbundet, t.ex. hjärtpulsen.
Rytmer kallas oregelbundna tidsintervall, t.ex. fågelkvitter.

1. Gå i olika pulser.
2. Klappa i olika pulser.
3. Spela på instrument i olika pulser.
4. Läs olika ord och meningar i olika rytmer.
5. Sjung och spela rytmer
6. Upptäck också pausar

Då en församling sjunger gemensamma rytmer bör rytmerna inte vara så svåra att en del personer i församlingen tystnar. I församlingen bör rytmerna fungera för barn och otränade gudstjänstbesökare. Därför bör församlingssångerna vara rytmiskt ganska enkla.

Övning 6
Att arbeta med klanger

Klanger kallar man toner som ljuder tillsammans, alltifrån tvåklanger till täta klusterklanger. Då församlingen leker, improviserar, forskar och använder klanger bör den undersöka de klanger som finns utifrån övertonserien och skapelsen i övrigt.

Församlingen har varit och är ofta hänvisad till klanger från musikstilar i historien eller till någon modetrend. Då församlingen söker Guds väg i frågan om vilka klangatmosfärer man vill odla, så är det viktigt att församlingen först erkänner att det finns mycket subjektiva känslor och ställningstaganden hos olika enskilda personer.

Församlingen bör trots svårigheterna med detta inte försöka få ett hopkok av olika tycken och smak. Församlingen bör istället fråga sig **vilka klanger som bäst ger ett utrymme för Guds Ande att verka i och genom.** Detta ställningstagande kan naturligtvis bli färgat av subjektiva tolkningar, men själva inställningen att söka efter vägen där en klangatmosfär upprättas som Guds Ande trivs i, är mycket viktig för församlingen. Om församlingen ödmjukt söker Guds klangvärld kommer den att ledas in i både friheten att leka, improvisera och forska, men den kommer också att ledas till ett sökande efter hur den upprättade mönsterbilden kan och bör ta sig uttryck.

1. Lyssna på samklanger i skapelsen.
2. Gör samklanger med olika röster – pröva frimodigt olika klanger.
3. Gör samklanger med instrument.

Övning 7
Att arbeta med utförandepraxis

Gud ser och hör naturligtvis allt som förekommer och har förekommit av musik. Han ser också att människan utför musik på många olika sätt. Det finns en del proffsmusiker som har vackra röster och spelar skickligt (Hes 33:32). Det finns de som rumlar runt med tumultartad musik under drogers inflytande. (Amos 6:4-7; Jes 3:11-12) För Herren räcker det inte med vackra röster och skickligt framförande (utförandepraxis). Det räcker inte heller med mänskliga idealbilder. Mänskliga ideal leder i förlängningen till idolkult, stildyrkan, traditionsdyrkan eller/och till människocentrerad religion.

Utförandepraxis kan försvaras efter klart subjektiva idealbilder utan att dessa idealbilder har något som helst med Gud att göra. Gud är församlingens Herre och han måste få ge församlingen råd om utförandepraxis. Den undervisning Jesus gav i detta ämne handlade om att vara sann, ärlig, äkta och uppriktig. Han gick kraftigt emot all form av förställning, skenhelighet, hyckleri och förljugenhet.

1. Pröva olika röstljud och olika sätt att uttrycka dessa. Att öva sin röst är något naturligt som inte bör hämmas. Naturligtvis vill man trösta ett barn som skriker i högan skyn under nattimmar, men kristna föräldrar sätter inte munkavel på sina skrikande barn. Därför bör barn få pröva både röster och instrument under mycket tålamod från vuxenvärlden. I Guds församling får man heller inte tysta vuxna genom att säga att de t.ex. sjunger falskt. I församlingen bör det finnas en generös möjlighet att öva sin röst och att uttrycka sig olika, förutsatt att det är äkta ur ett ödmjukt hjärta.

33

2. De som arbetar mycket med sin röst och/eller andra instrument får efterhand lära sig utförandepraxis.

Det finns två grundspår i utförandepraxisen:

- Hur en sång eller ett musikstycke ursprungligen var tänkt att utföras eller utfördes. Detta kräver oftast noggrann undersökning, forskning och prövning.

- Hur den utförs i samtiden i olika sammanhang. I detta kan man pröva att sjunga och spela melodier i olika **tempi, nyanser** och **karaktärer.**
- Nästa fas i utförandepraxisen handlar om att **gestalta.** Det innebär för en enskild kristen och församling att uttrycka det den helige Ande inspirerar till. I proffssammanhang övas gestaltningen ofta genom inlärning av vissa manér och uppmuntran till spontana ingivelser.

3. Öva olika kroppsliga sätt att gestalta musiken utan att det känns och upplevs som oäkta och hycklande. Mycket vanor och manér lärs in via olika moden, seder och traditioner. Församlingen, liksom enskilda kristna bör alltid vara villiga att analysera och pröva sin utförandepraxis, sina manér, vanor, seder och traditioner.

   Alla former av beteenden hos musiker bör i församlingen prövas mot Jesu karaktär. Folk lyssnade på Jesus för det han sade, men också för **hur** han förmedlade det. (Mark 4:33). Jesus var äkta. Men i slutet av sitt jordiska liv lyssnade få till det han sade, trots hans berättarförmåga och pedagogiska förmåga.

Övning 8
Att arbeta med instrumentation

Instrumentation handlar om olika sätt att sätta samman instrument. Man brukar tala om **homogen och heterogen klang** i instrumentation. Homogen handlar om att sätta samman instrument av samma familj. Heterogen handlar om att använda olika instrumentfamiljer. Ett av de viktiga momenten i instrumentation är att lära känna instrumentens omfång och möjligheter.

- Lägg en homogen instrumentation på en fyrstämmig församlingssång.

- Lägg en heterogen instrumentation på en fyrstämmig församlingssång.

- Variera olika fraser med olika instrumentation.

Övning 9
Att arbeta med former och strukturer

En viktig sida av musikens uppbyggnad handlar om form och struktur. Det handlar om alltifrån enkla skisser till färdiga strukturer. Det finns ofta i musik en genomtänkt form och struktur - också i improviserad musik. Både improvisation och nedskriven musik har använts och kan användas i församlingen. Den musikaliska formläran är ett stort ämne som kan övas alltifrån enkla visformer till komplicerade strukturer.

(För några i församlingen kommer kanske denna övning att kännas överflödig eller onödig.)

1. Rita en melodi utifrån en **form** t.ex. AAB (A är en fras som upprepas och B är en ny fras.) Använd sedan femtonskalan (pentatoniska) som kan bildas utifrån övertonsserien, t.ex. c d e g a. Skriv tonhöjderna på ett notsystem med fem linjer och gör en melodi i AAB-form.
2. Studera formerna på melodierna i en psalmbok.
3. Gör melodier utifrån följande visform: **A1 – A2** (Denna tvådelade visform innebär att man gör en melodisk fras - A1 – och upprepar samma fras med små förändringar). **ABA** (Denna tredelade visform innebär att man gör två olika fraser, där den första frasen kommer i repris efter den andra frasen.)

4. Gör korta motiv. (Motiv är som tegelstenar i ett större bygge. Det handlar om att göra små melodiska idéer som man sedan kan arbeta med.) Se *notbilagan*

Övning 10
Att arbeta med kroppsliga uttryck

Vi har redan i övningarna använt många kroppliga uttryck då vi sjungit och spelat instrument samt övat utförandepraxis. Israels folk blev också uppmanade att ge uttryck för sin tillbedjan genom att böja huvudet, böja knäna, böja ansiktet mot jorden, lyfta händerna, klappa med händerna, hoppa av glädje och dansa. Det var aldrig fråga om att använda kroppsliga uttryck för sexuella utmaningar. Dansen handlade om gemenskapsdanser och enskild glädjedans.

Att dirigera en kör med hjälp av handrörelser är en gammal sed. Handrörelser användes tidigt av ledarna för leviterna och kantorerna i synagogorna.

Så kroppsrörelser är naturligt i Guds församling.

1. Öva gemenskapsdanser
2. Öva dirigering – alltifrån enkla handtecken till att gestalta musiken och inspirera församlingen, sångare och musiker.
3. Öva att uttrycka musik med olika delar av kroppen – både ljudlöst och hörbart.

Övning 11
Att arbeta med lyssnarkulturen i församlingen

Lyssnarkulturen i församlingen ger en skörd av upplevelser och ställningstaganden som får stora konsekvenser i församlingens musikliv. Församlingens musikliv handlar i grunden inte om tycke och smak hos enskilda, familjer eller församling. Det handlar om att överlåta sig till att vara med och bygga församlingen på Guds villkor i en **gemensam förståelse av bibelns undervisning.** (Ps 127:1) Det handlar också praktiskt om att välja sånger och instrumentalmusik som motsvarar denna förståelse och enhet. Detta får till följd att föräldrar bör samtala med sina barn om vad som är Herrens vilja på musikens område, vad som är sunt och gott att lyssna på. Föräldrarna är ansvariga för sina barn och väljer de sånger och instrumentalmusik som motsvarar församlingens gemensamma hållning. Detta är en viktig sådd och skörd i Guds rike.

Som jag har skrivit i Musiken i Guds rike så tror jag att kristna är fria att lyssna till, sjunga och spela gammal musik, men också lyssna på, sjunga, spela och komponera ny musik i tacksamhet till Gud. Som jag ser det är församlingen fri att, lyssna på, utforska och pröva ljudets möjligheter. Församlingen bör, som jag har skrivit, göra det i en vilja att använda denna möjlighet på ett **vackert sätt, i ordning** och **med variation.** Det betyder i praktiken att församlingen **prövar allt** och behåller det som kan vara till **uppbyggnad** och **glädje** i församlingen.

Samtidigt som kristna har denna frihet att lyssna till och utforska musikens möjligheter så menar jag att det är församlingens ansvar att utmana och pröva hela den västerländska musikkulturen utifrån ett sökande efter mönsterbilden i Kristus. Västerländsk musikkultur är ju inte någon universal kristen kultur.

Notbilaga

Notbilaga 1

Detta är exempel på övningar som kan användas för att träna andning, stämband, svalg, tunga och läppar.

1. Ri   a   re   a

2. Schi   schö

3. Bå   bå   bå   bå   bå   bå

4. Skrä a skrö a

5. Mång a lång a   sång a rång a   bång

Notbilaga 2

En bra genomgång av **harmoniska deltoner** eller **övertoner**
kan du hitta på adressen: http://www.musikipedia.se/overtoner.

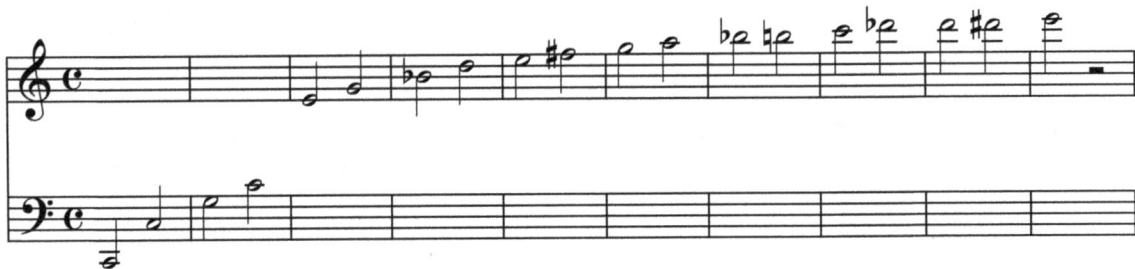

Intervall kallas avståndet mellan två toner.

Man hittar många olika avstånd mellan tonerna i övertonsserien.

Det finns också många **klanger** (två eller flera toner som ljuder samtidigt).

Silvertrumpeterna som Herren ville att Israels folk skulle göra
kunde spelas efter övertonseriens toner. (4 Mos 10)

Övertonsserien används - förutom att bygga stamtoner och skalor - också
för att bygga instrument.

Notbilaga 3

Inledning recitationston   mitten   slutet
Initium   mediatio   finalis

Notbilaga 4

Den melodiska "linjen" i melodierna är olika.

Här kommer melodins höjdpunkt i början av melodin.

I det här exemplet kommer melodins höjdpunkt i mitten.

Här kommer höjdpunkten i slutet av melodin.

Här är en understämma - motstämma (kontrapunkt) till en melodi.

Arbetshäfte för tonsättare och musiker

Att lära sig musikens material och form och dess hantverk kräver mycket tid och arbete.

Den här delen vänder sig till tonsättare och musiker som vill arbeta praktiskt med att göra sånger, arrangemang eller hela kompositioner för röster och instrument. I detta arbetshäfte handlar det om några få arbetsövningar för att kunna betjäna församlingen.

Det finns väldigt många olika benämningar på musikstilar och musikdialekter. En enskild församling kan omöjligt välja all sorts musik som funnits och finns. Därför måste varje enskild församling välja den musik den vill odla. Större kyrkosammanslutningar väljer ofta en gemensam linje för vilka sånger man vill sjunga och vilken musik man vill använda. Man gör egna psalmböcker och har ibland egen utgivning av noter.

Det finns heller ingen möjlighet för kristna tonsättare och musiker att lära sig tusentals stilar. Varje tonsättare och musiker måste välja något eller några stilområden som han/hon vill arbeta med. Då det gäller sångbara melodier till församlingens sång kan en församling inta en grundhållning att söka i hela den skattkammare av sånger som funnits och finns inom kristenheten. Om man analyserar enbart denna sångskatt så skulle man i en lokal församling ändå behöva göra många urval. Det betyder att när man ska göra egna melodier, egna arrangemang eller helt egna kompositioner så behöver man bestämma sig för någon eller några stilar och några former.

För kristenheten i stort bör detta handla om en gemensam förståelse för hur mönsterbilden från David fick sin fortsättning och hur den kan fortsätta idag.
Därför behöver församlingen idag fråga sig vart mönsterbilden från David tog vägen - hur den traderades under det första århundradet. När kristenheten är villig till en uppgörelse med ersättningskulturen – som tidigt tog form – finns också möjligheten att tala om och praktisera en gemensam kristen musikkultur. Utan denna gemensamma upprättelse av Davids mönsterbild är det en naiv utopi att tala om en gemensam kristen musikkultur. Förmodligen får församlingen vänta tills Jesus kommer tillbaka innan denna himmelska musikkultur blir en verklighet på jorden.

Några grundläggande reflektioner utifrån ordningen i övertonserien.

Då jag nu gör en grundligare undersökning av övertonsserien så gör jag det i en önskan att se det vackra mönstret som finns nedlagt i denna del av skapelsen. Det är alltså inte ett försök att presentera mina åsikter om vad som är vackert, utan helt enkelt att undersöka skönheten i Guds ordning. **Övertonserien har ett s.k. durackord som grund.** Det betyder att detta mönster av toner är vackert; ett Guds hantverk i skapelsen. Detta durackord är sedan färgat med en liten septima och en stor nona. I dessa första övertoner kan man också hitta s.k. mollackord. Detta mollackord kan också utifrån övertonserien färgas med en stor sext. Så dur – moll och färgningar ligger i botten av övertonseriens skönhet.

Reflektion 1

Den lilla sekunden, den stora septiman och den lilla nonan finns inte som en framträdande färgning i övertonserien. Då man använt och använder dessa intervall i samklangerna kan de liknas vid kryddor. Gud har skapat både färger och toner, kryddor och mycket annat som har använts på olika sätt.

Reflektion 2

Dur och mollackorden i övertonsserien är framträdande. Att ha dessa som grund i sitt komponerande är därför naturligt. Det är däremot inte något tvång, ingen kristen lära eller något universellt i att utgå från övertonsserien i komponerandet och musicerandet.

Alla toner i dur och mollackorden fördubblas i övertonsserien.

Reflektion 3

När man går från en ton till en annan i en melodi uppstår i själva verket en **parallell stämföring**. Det är egentligen hela ackord eller klanger som rör sig parallellt. När man föreslår regler för hur stämmorna mellan ackorden bör röra sig uppstår s.k. **stämföringsregler.** En sådan stämföringsregel har i vissa tider varit att varje stämma bör röra sig självständigt, alltså inte alltför parallellt. Detta är då ett mänskligt sätt att göra det på. Det betyder inte att det behöver vara dåligt, men det krävs av församlingen att den inser att det är subjektiva värderingar som ligger till grund för dessa regler.

Reflektion 4

När man skriver två eller flera stämmor finns det många sätt att göra detta på. Om härligheten som strålade fram i Jesu ansikte hade kunnat målas av eller uttryckas i musik då hade mönsterbilden varit ganska lätt att rekonstruera och tradera. Men mönsterbilden från Davids tid kan inte användas som en "ikonmall" för vilka stämföringsregler församlingens musik bör ha. Petrus beskriver i stället en relation och atmosfär av tro, kärlek, obeskrivlig himmelsk glädje och jubel – alltså en uppenbarad skönhet i en djup relation till Jesus Kristus (1 Petr. 1:8).

Det är därför omöjligt att ge några klara och tydliga stämföringsregler som församlingens musik bör ha. Då man blir präglad och inspirerad i relationen till Jesus får detta konsekvenser i hur man som enskild musiker och tonsättare formar den klangliga atmosfären i och omkring sig och i församlingen.

Som jag har skrivit i Musiken i Guds rike (sid 195) finns risken att försöka göra matematiskt riktiga musikikoner. Då blir ackord och stämföringsregler ett regelsystem att leva upp till i stället för en person att leva med och följa. När detta är sagt, så finns det naturligtvis ändå en frihet att "måla" vacker konst i toner utifrån regler, former och hantverksskicklighet, om det inte blir min gud som jag lever för. För flera av de s.k. klassiska tonsättarna och musikerna var och är det inte en motsättning mellan hantverksskicklighet och en djup och varm relation till Jesus.

Den lekfulla, spontana musiken (improvisationen) kunde och kan också vara ett uttryck för den varma relationen till Jesus. Det handlar om att i sin relation till Jesus komponera, sjunga och spela det som man har en övertygelse om att han gillar.

Som jag förstår det är kristna fria att undersöka de möjligheter som finns utifrån övertonserien och sedan välja vilken klangatmosfär man vill uttrycka. Då man lämnar övertonsserien och dur och molltänkandet samt undersöker klusterklanger är det viktigt att se och lyssna på hur Gud satt samman klanger i skapelsen. Tonsättare och musiker kan inte skapa en porlande bäck, men de kan inspireras av skönheten i skapelsen. Ändå är det relationen till Jesus Kristus som är själva inspirationskällan för en kristen tonsättare och musiker. Alla kristna är kallade att tillbe i ande och sanning genom Jesus Kristus. Detta är NT's stämton. Varje enskild kristen och varje församling är ansvarig inför Gud i att stämma sina liv efter Jesus som stämton och uppriktigt och sant be, tacka, lova och tillbe vår himmelske Far.

Övningar

Det går bra att kopiera dessa övningar.
Däremot får de inte användas i kommersiellt syfte.

Arbetsövningar för musikledare i församlingen

Melodier:

Den första övningen handlar om att upptäcka det **omfång** som en melodi
bör ha om församlingen ska sjunga den. De lägsta tonerna bör inte vara lägre än lilla a
och de högsta inte högre än e^2. (Se 1)
Börja med att göra "**skisser**", först med "linjer". (Se 2 och *notbilaga* 3)
Arbeta sedan med små **motiv.** Använd både linjer och noter. (Se 3)

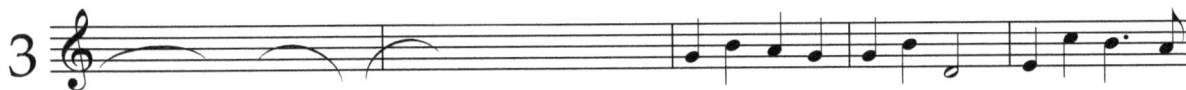

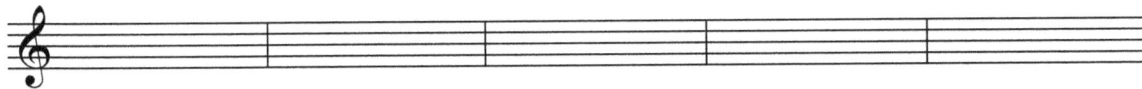

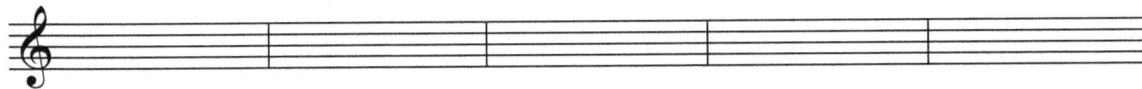

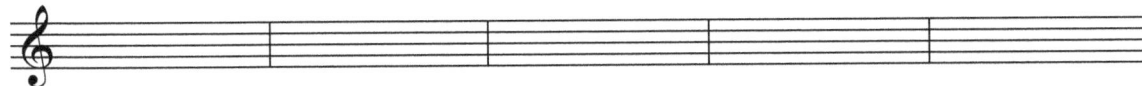

Arbetsövningar -rytmer

Lägg till **rytmer** på "skisserna".
Improvisera och testa med en mängd olika rytmer. (Se 4)

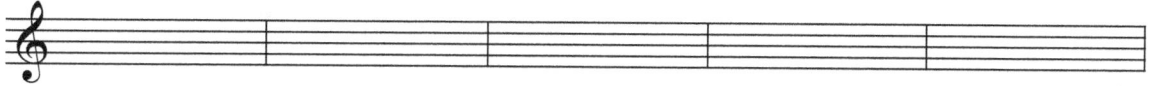

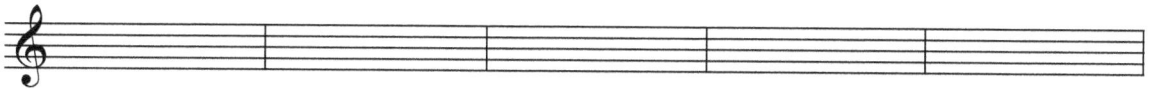

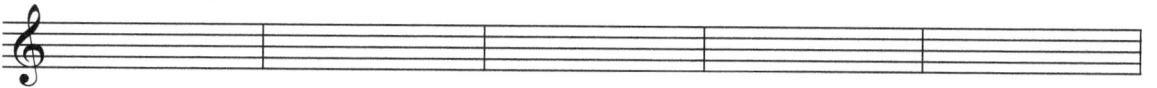

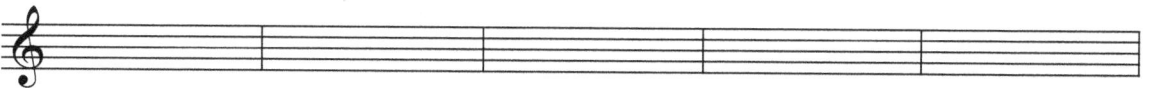

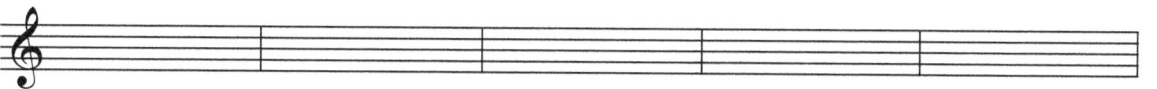

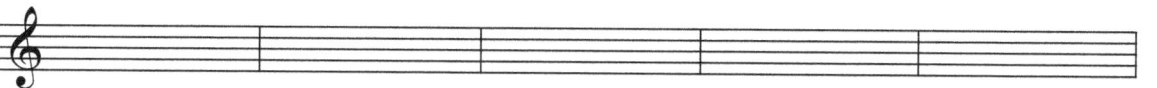

Arbetsövningar - fraser och former

Då man gör en melodi är det som att göra olika fraser (meningar) i en text.
Dessa fraser kan se mycket olika ut. Ofta använder man också olika former.
Melodiers **formlära** handlar om hur melodier är uppbyggda.

En melodi består av intervaller som bildar små motiv.
Dessa motiv bildar sedan fraser och fraserna bildar en melodi.

Om man gör flera fraser utan någon upprepning
kan man kalla denna form för **endelad** (A).
Om man gör två liknande fraser så kan man kalla melodin **tvådelad** (A1 A2).
Tredelad (A B A) kan man kalla en melodi som har två olika fraser,
där den första tas i repris efter B-delen. **Barform** (A A B) kallar man melodiformen
när den första delen tas i repris före B-delen.

Gör melodier efter följande former:

A - endelad

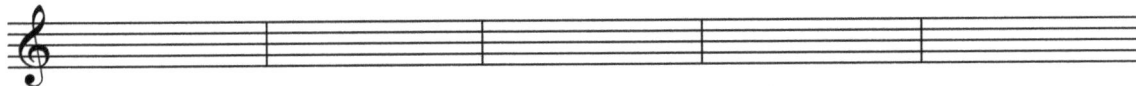

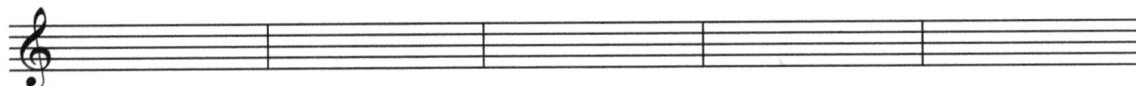

A A - tvådelad

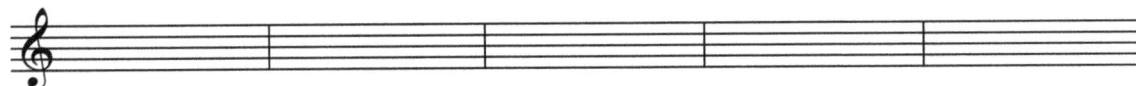

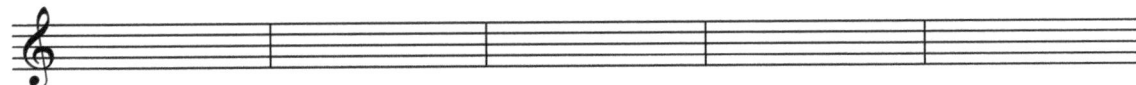

A B A - tredelad

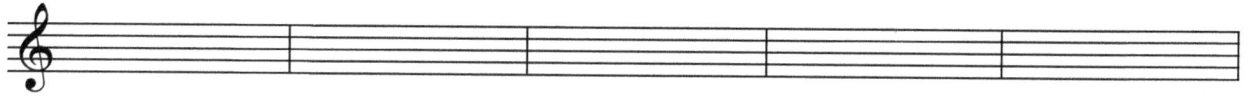

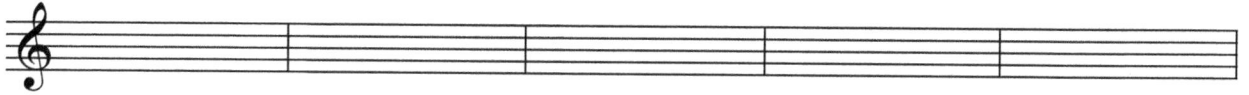

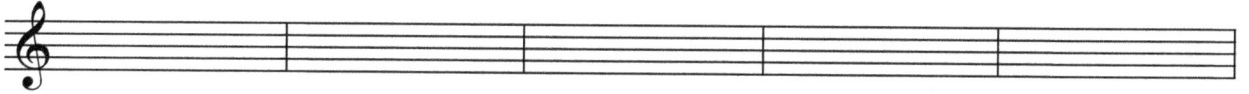

A A B - Barform

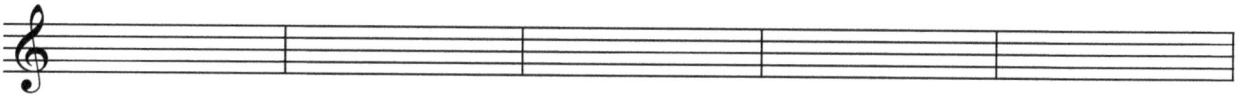

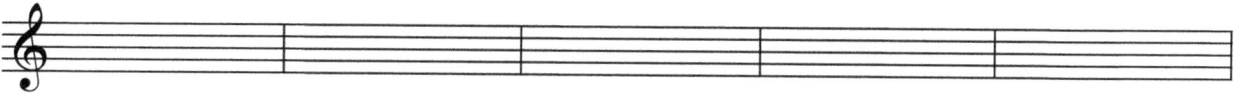

A A B A - tredelad

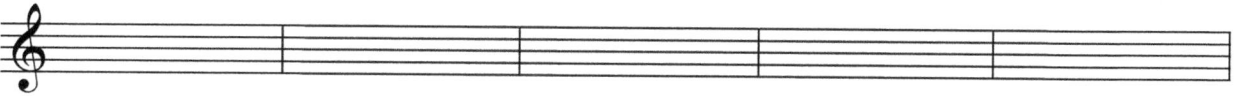

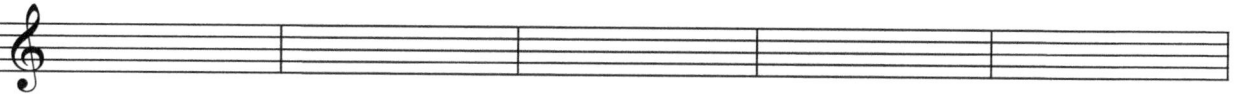

Arbetsövningar - texter

Ord har en eller flera **stavelser.**
Ord betonas olika. (T.ex. stava ___ _ Stavanger _ __ _)
Om man ger varje stavelse en not kallas det **syllab.**
Om man har fler noter på en stavelse kallas det **melism.**

En text kan läsas med en jämn puls på varje stavelse.
Texten kan också rytmiseras. (Texter rytmiseras vid vanlig läsning.)

Rytmisera en text ur bibeln. Gör det först utifrån talets och språkets rytm.
Gör sedan samma övning med en jämn puls som utgångspunkt.
Skriv ner rytmerna och gör sedan melodi till texten.

Texter har ofta **olika meterklasser.** Det betyder att man räknar alla stavelser i en fras.
Stavelserna i en hel melodi kan t.ex. vara 8 + 6 + 8 + 6 + 8 + 8. (Varje fras räknas för sig.)

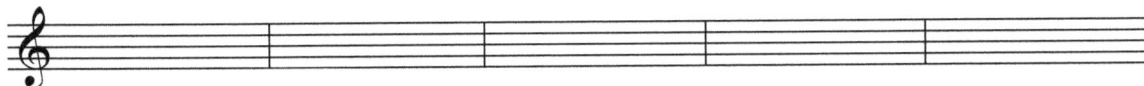

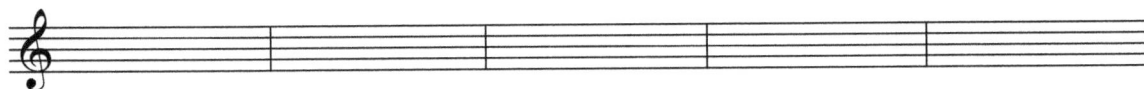

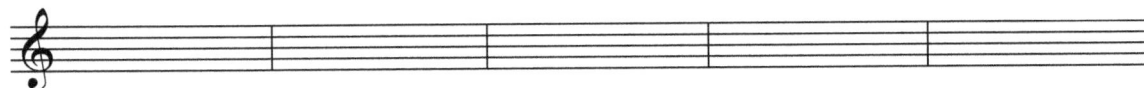

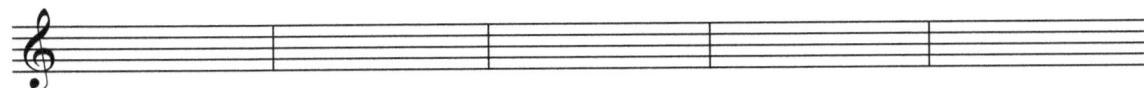

Arbetsövningar - stämmor

Gör två, tre och fyrstämmiga övningar utifrån de två olika sätten
att arbeta med stämmor:

1. **Horisontalt** - lägg melodier på varandra. Gör det först fritt utan speciella regler.
   Fortsätt sedan att skriva i olika stilar. (Arbetsövningar för olika stilar kan man
   hitta i olika böcker och mycket finns också på nätet, t.ex.
   http://kmh.diva-portal.org/smash/get/diva2:694372/FULLTEXT01.pdf)

2. **Vertikalt** - lägg två, tre och fyrklanger jämte varandra.
   Gör det först fritt utan regler. Fortsätt sedan skriva utifrån regler i olika
   stilar. (Se stämföringsregler i olika stilar utifrån andra böcker.)

Här följer några grundbegrepp för hur stämmorna kan röra sig tillsammans.

Sidorörelse: en stämma ligger och den andra rör sig

Motrörelse: stämmorna rör sig mot varandra

Medrörelse: stämmorna rör sig i samma riktning

Parallellrörelse: stämmorna rör sig i medrörelse med samma intervall

Arbetsövningar - klanger

I övningen att skriva stämmor bildades tvåklanger.
Om man skriver fler stämmor bildas tre, fyra, femklanger.

Pröva många olika sorters klanger på en melodi.

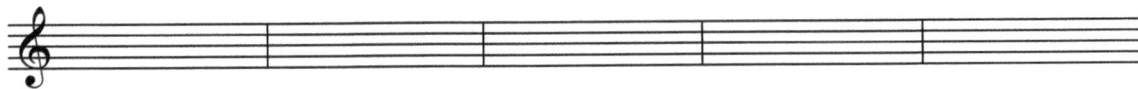

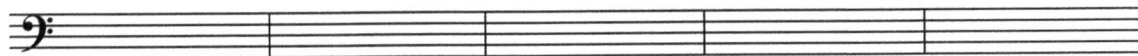

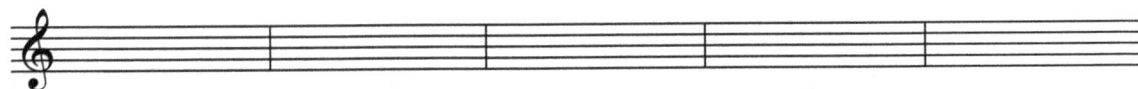

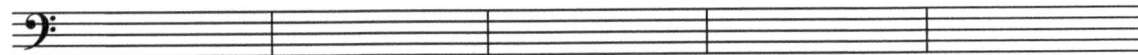

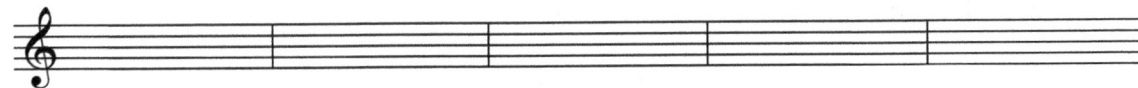

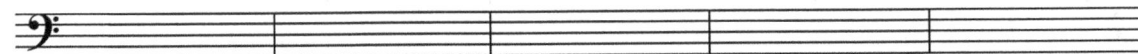

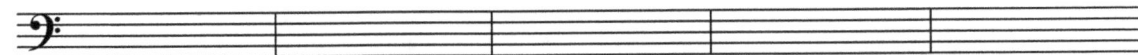

Arbetsövning - instrumentation

Det första man behöver lära sig då det gäller att använda instrument är att bekanta sig med instrumentets klang och omfång.

Det är också viktigt att ta reda på var i omfånget som det är bäst att spela.

Studera detta och utgå sedan från en fyrstämmig sång och gör en instrumentation för följande instrument: Tvärflöjt, oboe, altsaxofon, valthorn, trumpet, violin, cello, bas. Pröva sedan olika instrumentkombinationer.

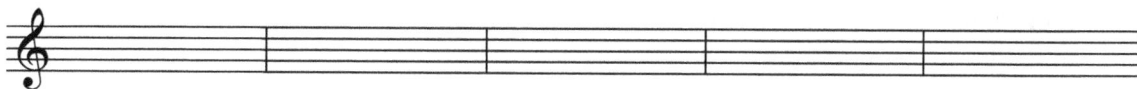

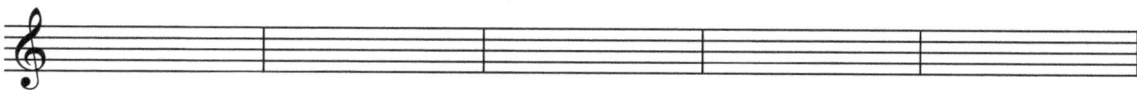

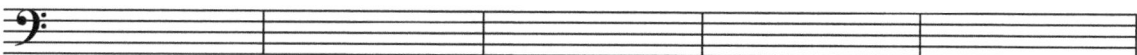

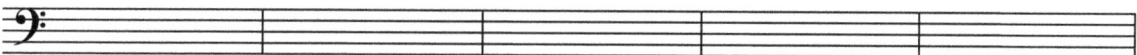

Arbetsövningar - struktur

I genomtänkt komponerad musik finns ofta en struktur med i huvudsak tre skikt.
(Studera t.ex. Bachs Inventioner, sinfonier och Wohltemperierters Klavier.)

1. **Rytmisk idé** (gör en rytmisk idé ovanför notsystemet).
2. **Melodisk idé** (gör en melodi för cello på denna rytmiska idé).
3. **Kontrapunktisk idé** - en idé för hur en eller flera motstämmor kan formas
(gör en överstämma som en kontrast till melodin).

Studera skapelsens strukturer och ordningar.
Där finns alltifrån enkla till mycket komplexa rytmiska strukturer.
Melodierna, signalerna och lätena är alltifrån en eller tvåtoniga och repeterande
till mycket komplexa och varierande motivbearbetningar.
Den klangliga strukturen är ofta mycket komplex och varierande.

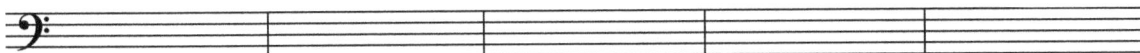

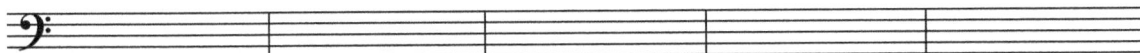

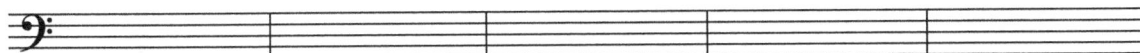

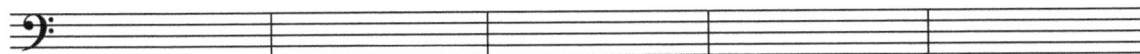

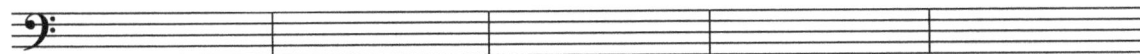

Arbetsövning - utförandepraxis

En melodi eller ett helt stycke musik kan utföras på många olika sätt.
Utförandepraxisens två huvudelar är:

1. att tonsättaren ger detaljerade anvisningar för hur **frasering, tempo, nyans** och
   karaktär i melodin eller stycket bör vara. (I Europeisk musik från medeltiden
   fram till mitten av 1700-t. skrev man inte ut detaljerade anvisningar.
   Man brukar då istället forska i hur röster och musikinstrument lät på den
   tiden, hur instrumenten spelades och hur framförandet kunde ha låtit.
   Därför är man ofta också intresserad av att utföra musiken på ett så ursprungligt
   sätt som möjligt.)
2. att låta nutida musiker själva bestämma utförandet.

Föreslå olika nyanser, karaktär och tempo på en melodi som du skriver.

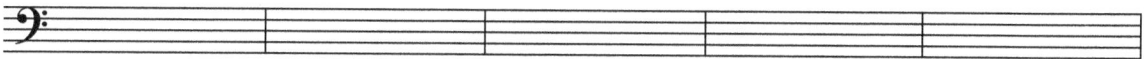

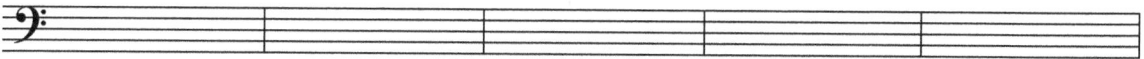

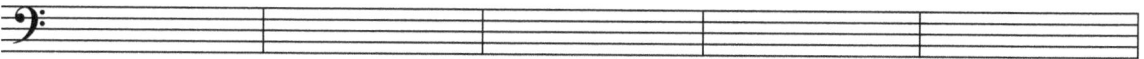

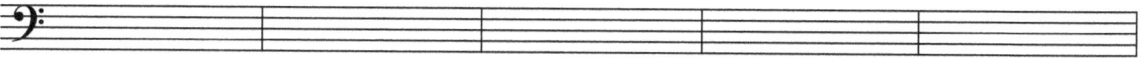

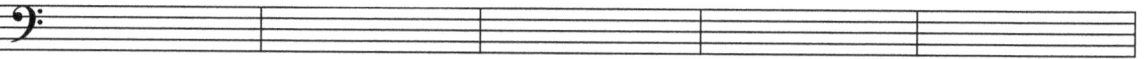

Arbetsövningar - tonalitet och atonalitet

Man brukar säga att **tonalitet** är en speciell organisation av toner, t.ex. en skala med ett tonalt centrum. Inom detta tonförråd kretsar melodin.
Men en melodi kan utvidgas med modulationstoner, s.k. karaktärstoner som leder melodin in mot en annan tonalitet.

Från tonalitet kan man med hjälp av modulationer upplösa tonaliteten och känslan av ett tonalt centrum och till slut hamna i s.k. **atonalitet.**

1. Öva att göra melodier i olika tonalitet.
2. Öva att med hjälp av karaktärstoner göra modulationer i melodin.
3. Öva att göra atonala melodier.
Kadenser (slutfall) kallas frasluten i en melodi.
Ordet kadens används för det mesta om olika ackordgångar i frasluten.
Läs om kadenser och gör olika frasslut, både med och utan ackordsättning.

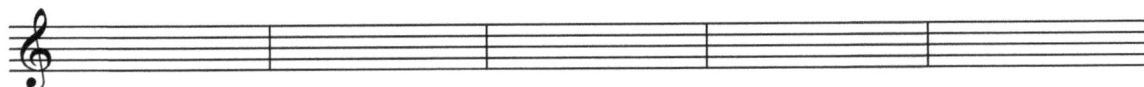

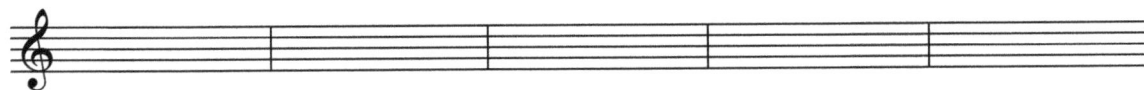

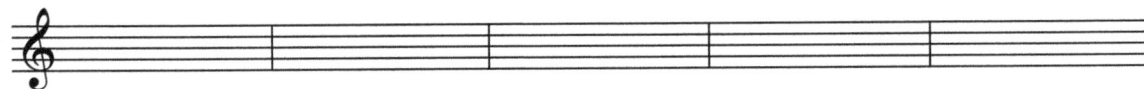

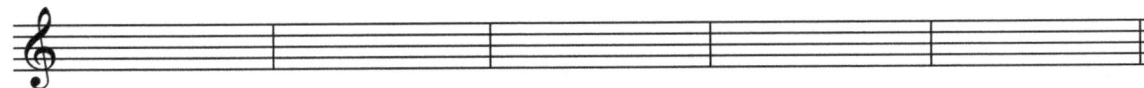

Litteratur för studier

Det är svårt att ge förslag på litteratur att studera eftersom det finns så oändligt mycket.

Det beror också på vilken nivå man vill studera - och vad man vill studera. Jag ger några få ämnen och förslag på var man kan hitta material inom det ämnet. Se också litteraturförteckningen i boken Musiken i Guds rike.

För vetenskapliga studier om mönsterbildens ursprung och fortsättning:
- Talmud (Se https://en.wikipedia.org/wiki/Talmud)

Allmän kyrkomusikhistoria:
- Carl-Allan Moberg: Musikens historia i västerlandet intill 1600

Notskriftens utveckling:
- Jan Ling: Europas musikhistoria – 1730
- https://sv.wikipedia.org/wiki/Musiknotation

Notexempel för kyrkomusikens historia:
- The Oxford Anthology of Music: Medival music
- http://imslp.org/index.php?title=Main_Page&
- https://www.royalholloway.ac.uk/music/research/earlymusiconline/home.aspx
- http://plato.acadiau.ca/courses/musi/callon/2273/scores.htm

Musikteori:
- Ingmar Bengtsson: Från visa till symfoni
- https://sv.wikipedia.org/wiki/Musikteori
- Sten Andersson Bo Wallner: Musikens material och form 1-3
- Lars Edlund Arne Mellnäs: Det musikaliska hantverket
- Johan Sundberg: Musikens ljudlära
  Röstlära

Davids mönsterbild
– en sammanfattning
i punkter med bibelställen:

- Levittjänstens början är beskrivet i 5 Mos. 10:8. *Avskild - stå inför Herrens ansikte - göra tjänst inför Herren - välsigna i Herrens namn, så som de gör än i dag.* Jmf. Psalm 81:1-6
- David fick en *skrift från Herrens hand.* Det skedde genom Anden. *Herren hade genom sina profeter gett befallning om detta. Det var en kunglig förordning.* 1 Krön. 28:11-19; 2 Krön. 29:25-30; Neh. 11:23; 12:24
- *Det var en bestämd ordning för varje dag.* De tjänstgjorde morgon och kväll. 1 Krön. 23:30
- Det fanns 288 musiker som blev särskilt undervisade under Davids tid. De var skickliga. De hade Guds vishet och var både villiga och kunniga. 1 Krön 25:7-8; 28:21; 30:21-22; Ps 47:8 (Hebr. *sachel* – vis, skicklig)
- 4000 leviter tjänstgjorde som musiker hos David.
- Utbildningen skedde som ett lärlingssystem. De kunniga och lärjungarna var tillsammans. 1Krön 25:8
- De sjöng ibland växelsång. Neh. 12:24 Jmf. Ef. 5:19
- Sångledarna tog upp lovsången. Neh. 11:17
- De hade profetisk ande. 1 Krön 25:2-3
- De hade blås, sträng och slaginstrument, dvs. alla sorters instrument. 1 Krön. 15:42; 25:1

t

www.ingramcontent.com/pod-product-compliance
Lightning Source LLC
Chambersburg PA
CBHW080531030426
42337CB00023B/4695